Thomas Graber

Erfolgsstrategien im Handwerk

Wie Unternehmer die Zukunft gewinnbringend gestalten

Thomas Graber

Erfolgsstrategien im Handwerk

Wie Unternehmer die Zukunft gewinnbringend gestalten

HOLZMANN. MEDIEN

1. Auflage 2015

Bildquelle/Umschlag: © Syda Productions - Fotolia.com | © goodluz - Fotolia.com
Lektorat: Achim Sacher, Holzmann Medien | Buchverlag
Layout und Satz: Markus Kratofil, Holzmann Medien | Buchverlag
Druck: Kessler Druck + Medien, Bobingen

Artikel-Nr. 1537.01
ISBN: 978-3-7783-0987-2

Vorwort

Heutzutage kann jeder, der das will, selbstständig werden. Im Handwerk geschieht dies meist mit dem Meisterbrief. In den Weiterbildungszentren werden neben den fachlichen auch die betriebswirtschaftlichen Grundlagen vermittelt, die eine Art „Handwerkszeug“ für die Selbstständigkeit darstellen. Jedoch beginnt für den Selbstständigen erst mit der alltäglichen Praxis seine eigentliche Lehrzeit. Es sind vor allem seine Erfahrungen, die den Unternehmer im Laufe der Zeit qualifizieren. Will man sich als Unternehmer weiterentwickeln, ist es notwendig, sich laufend entsprechendes Wissen anzueignen.

Wie kann man sich als Unternehmer weiterentwickeln?

Eine Möglichkeit besteht darin, sich an anderen Unternehmen zu orientieren und deren Vorgehensweisen abzuschauen. Allerdings sind andere Unternehmen mit dem eigenen nicht wirklich vergleichbar. Auch lassen sich deren betriebswirtschaftliche Einflussfaktoren von außen nicht erkennen. Und ob Kollegen, insbesondere Mitbewerber, auf Fragen offene Antworten geben, ist eher zweifelhaft.

Ein anderer Weg besteht darin, eigene Erfahrungen zu machen, mit der Gefahr, dass man seine eigenen kleinen Fehler selbst nicht wahrnimmt. Der Betroffene erkennt erst dann einen Handlungsbedarf, wenn ein gravierendes Problem aufgetaucht ist, d. h., wenn er Geld verloren bzw. vernichtet hat.

Unternehmensführung ist trotz der Regelmäßigkeit, die durch handwerkliche und betriebswirtschaftliche Rahmenbedingungen vorgegeben ist, eine sehr individuelle, ja sogar persönliche Angelegenheit. Aus einer Vielzahl an Erfolgsrezepten muss man sich diejenige Methode suchen, die der eigenen Persönlichkeit am ehesten entspricht und mit der das Unternehmen Erfolg haben kann.

Aus Erfahrungen lernen

Bis man das für sich richtige Modell entwickelt hat, kann es eine Weile dauern. Ich selbst wurde ins kalte Wasser geworfen und brauchte einige Jahre, um meinen Weg zu finden. Aus familiären Gründen übernahm ich mit erst 18 Jahren die Verantwortung im elterlichen Betrieb. Dieser Generationswechsel verlief nicht unproblematisch. Es war die Zeit der Wiedervereinigung, wir expandierten in die neuen Bundesländer und erlitten dabei Schiffbruch, was uns fast die Existenz kostete. Der Wendepunkt – Bruch mit der alten Führung, Rückzug in die bayerische Heimat, persönlicher Einsatz mit neuen Ideen und der Unterstützung von Mitarbeitern und Partnern – war zugleich ein Neuanfang. Und tatsächlich entwickelte sich unsere Firma fortan von einem überschuldeten zu einem erfolgreichen, auch international tätigen

Unternehmen. Mit dem Erfolg hat sich auch mein Aufgabenfeld erweitert: Meine unternehmerischen Erfahrungen kann ich heute in verschiedenen Funktionen weitergeben: als Dozent der Bayerischen Bauakademie, als Vorstandsvorsitzender der Fördergemeinschaft Dämmtechnik und Vorstandsmitglied der Bundesfachgruppe WKSB im Zentralverband des Deutschen Handwerks sowie als Trainer in Seminaren und Workshops.

Aus eigener Erfahrung weiß ich daher, wie (überlebens-)wichtig unternehmerisches Know-how ist. Ein Handwerksunternehmer muss sich ja nicht nur mit der handwerklich-fachlichen Seite auskennen, sondern ebenso mit Bereichen, die ihm zunächst weniger vertraut sind: betriebswirtschaftliche Kalkulation, langfristige Planung, überzeugender Auftritt nach außen, z. B. im Umgang mit Banken und Kunden, ebenso wie die motivierende Organisation der eigenen Mitarbeiter. Hinzu kommt der Wettbewerbsdruck durch die Globalisierung, die jeden Handwerksunternehmer dazu zwingt, mit sinnvollen Marketingstrategien, auch über das Internet, auf den Markt zu gehen.

Für viele andere Bereiche sind zahllose Informationen verfügbar, für das Handwerk jedoch habe ich selbst schmerzlich solche Rundum-Hilfen vermisst. Und die Reaktionen der Teilnehmer meiner Seminare zu verschiedenen Managementfragen in Handwerksunternehmen zeigen mir immer wieder, dass viele Kollegen ebenfalls diesen Mangel empfinden. So möchte ich versuchen, diese Lücke mit einem Buch zu schließen, in dem alle wichtigen Themen besprochen werden. Ich habe sämtliche Tücken und Schwierigkeiten des Unternehmertums kennengelernt - aber auch die Möglichkeiten und Chancen, die man sich zunutze machen kann.

An wen richtet sich das Buch?

Mit dem vorliegenden Buch wende ich mich an alle Handwerksmeister, die sich selbstständig machen wollen, ebenso wie an diejenigen, die bereits ein Unternehmen führen und nach Anregungen suchen, sich persönlich und ihren Betrieb weiterzuentwickeln.

Im **Teil I** werden Themenbereiche behandelt, die unabhängig von der jeweiligen Branche alle Handwerksbetriebe und Dienstleistungsunternehmen gleichermaßen betreffen. Hier geht es um grundsätzliche Fragen, die aus der Sicht des Unternehmers für das Funktionieren eines Betriebes notwendig sind, z. B. Firmenorganisation, Firmenziele, Kundenstruktur, Kalkulation und Qualitätssicherung.

Im **Teil II** steht die Unternehmerpersönlichkeit im Mittelpunkt. Für die erfolgreiche Führung eines Unternehmens spielen auch die sogenannten „Soft Skills" eine Rolle. In diesem Zusammenhang gehe ich auf die persönliche Zielsetzung des Unternehmers ein, z. B. auf Sozialkompetenz, Unternehmensstrategie und Mitarbeiterführung. Darüber hinaus gehe ich u. a. folgenden Fragen nach: Wie motiviert man Mitarbeiter? Welche Persönlichkeitsstrukturen können meinen Erfolg als Unternehmer behindern? Wie verkauft man richtig? Welche Marketingmethoden kann ich nutzen?

Meiner Meinung nach werden diese Aspekte von vielen Handwerksunternehmern noch immer zu wenig ernst genommen. Sie sind aber ebenso wichtig für den Erfolg wie die harten betriebswirtschaftlichen Fakten. Sie können über Erfolg oder Misserfolg entscheiden. Diese Erkenntnis hat sich in nahezu allen gesellschaftlichen und wirtschaftlichen Bereichen durchgesetzt, wie die vielen Seminare zu solchen Themen zeigen. Es wird höchste Zeit, dass sie auch im Handwerk umgesetzt wird.

Bad Endorf, im Mai 2015

Thomas Graber und

Holzmann Medien | Buchverlag

Inhaltsverzeichnis

Teil I: Das Unternehmen

1. Welches Leistungs- und Firmenprofil hat ein Unternehmen?

1.1 Das Firmenprofil

Jeder Betrieb setzt sich durch seine Tätigkeit dem Blick der Öffentlichkeit aus. Er wird im alltäglichen Wechselspiel unterschiedlich wahrgenommen, auf gesellschaftlicher Ebene ebenso wie im persönlichen Umfeld. Dabei entwickelt sich (bewusst und unbewusst) eine Vielfalt an Meinungen. Die Summe dieser individuellen Meinungen verdichtet sich zum Image, dem Meinungsbild des Unternehmens.

Es ist die Intention des Unternehmers[1], dass die Gesellschaft - und damit auch seine potenziellen Kunden - sein Unternehmen „richtig“ wahrnimmt. Er muss entsprechende Impulse setzen und dem Unternehmen ein Gesicht bzw. ein Profil geben. Je länger das Unternehmen am Markt tätig ist, desto deutlicher werden seine „Qualitäten“ und Besonderheiten sichtbar.

Natürlich sind langfristig objektive Faktoren wie die Qualität der Arbeit, Referenzen und Kundenempfehlungen bedeutsamer, doch zählt auch immer der erste Eindruck. Gerade als Existenzgründer müssen Sie zunächst einmal die Aufmerksamkeit potenzieller Kunden auf sich lenken. Und dafür müssen Sie nicht zuletzt wissen, wie und welche Zielgruppen Sie ansprechen möchten.

Wie bei einer Kontaktanzeige sollten Sie bei der Präsentation Ihres Betriebs nicht nur harte Fakten vermitteln, sondern ebenso Ihre Werte und Erwartungen. Was bei der Wahl des Lebenspartners gilt, das trifft für die Suche nach optimalen Geschäftspartnern nicht weniger zu: Je besser beide zueinander passen, desto ergiebiger wird diese Beziehung sein - und desto länger wird sie auch halten.

Bedeutung der Corporate Identity

Am besten kann man das eigene Unternehmenskonzept in einem prägnanten Bild ausdrücken, das in Logo, Farb- und Formendesign umgesetzt wird - von der Gestaltung der Firmengebäude über die Unternehmensflotte, Arbeitskleidung für Mitarbeiter bis hin zu Visitenkarten und Briefpapier. Eine gelungene Visualisierung drückt „ohne Worte“ aus, wofür Ihr Unternehmen

1 Auch wenn das Handwerk überwiegend noch männlich geprägt ist, gibt es natürlich viele Unternehmerinnen. Wenn ich hier die männliche Form verwende, dann nur aus Gründen der besseren Lesbarkeit. Ich hoffe, meine Leserinnen sind damit einverstanden und fühlen sich ebenso angesprochen.

steht, welchen Stellenwert Fachkompetenz und ein partnerschaftlicher Umgang mit Kunden in einem Unternehmen genießen. „Das Design bestimmt das Bewusstsein" – solche bildlichen Signale sprechen den Betrachter unmittelbar an. Bei der Kaufentscheidung des Kunden spielt eben auch das Bauchgefühl eine entscheidende Rolle – und das lässt sich durch einen ansprechenden Unternehmensauftritt vermitteln. Je länger und erfolgreicher ein Unternehmen am Markt besteht, desto stärker wirkt das Corporate Design: Um Kunden anzuziehen, reicht dann meist schon das Firmenlogo aus, da es eine Vielzahl von Informationen und Assoziationen transportiert.

1.2 Die Unternehmensphilosophie

Um wettbewerbsfähig am Markt agieren zu können, muss sich jedes Unternehmen möglichst optimal aufstellen. Die wichtigsten Fragen lauten hier: Welche Zielgruppen will und kann mein Unternehmen überhaupt erreichen? Mit wie vielen Mitbewerbern hat es meine Firma zu tun?

Je nachdem, wie Sie als Unternehmer diese Fragen für sich beantworten, sollten Sie Ihr Unternehmen nach dem Minimal- oder dem Maximalprinzip positionieren.

1.2.1 Das Minimalprinzip

Man spezialisiert sich innerhalb eines Fachgebiets auf ganz bestimmte Kernkompetenzen und baut diese bis hin zur Perfektion aus. Durch extrem rationelles und höchst effektives Umsetzen wird die Produktivität enorm gesteigert und somit auch die Wettbewerbsfähigkeit. Das Angebotsspektrum ist hier nicht in die Breite, sondern in die Tiefe gestaffelt. Ein Beispiel hierfür wäre eine Autowerkstatt, die nicht „Reparaturen aller Art" anbietet, sondern lediglich „Wechseln von Autoglasscheiben", aber zu unschlagbar niedrigen Preisen. Das Minimalprinzip ist also durch Masse gekennzeichnet: Man produziert große Mengen zu niedrigen Preisen und mit hoher Fluktuation der Artikel. Die hohe Spezialisierung erfordert einen gleichfalls hohen Umsatz. Die Stückeinzelkosten müssen gering gehalten werden, damit der niedrige Preis dennoch rentabel bleibt. Eine konsequente, kompromisslose Auftragsabwicklung ist zwingend notwendig, damit man mit den niedrigen Preisen zurechtkommt.

1.2.2 Das Maximalprinzip

Unternehmen, die sich nach dem Maximalprinzip aufstellen, bieten ein breiteres Spektrum an Produkten oder Dienstleistungen an. Um das obige Beispiel aufzugreifen: Eine Autowerkstatt, die nicht nur „Kfz-Reparaturen aller Art“ anbietet, sondern auch Zusatzleistungen wie Telekommunikation, Hifi oder Tuning, ist nach dem Maximalprinzip aufgestellt. Sie ist trotz ihrer Spezialisierung auf Individualität und die Realisierung von Sonderwünschen eingestellt. Der Dienstleistungsgedanke für den Kunden steht im Mittelpunkt. Die breitere Aufstellung bedeutet in der Regel, dass man kleinere Stückzahlen zu höheren Preisen produziert. Die Einzelumsätze in den Produktsparten sind zwar niedriger, jedoch gleicht sich der Umsatz in der Summe der Produktsparten wieder aus.

Der Ertrag pro Stück kann zwar deutlich höher ausfallen als beim nach dem Minimalprinzip agierenden Wettbewerb, jedoch ist auch im Vergleich zum Spezialistentum der administrative Aufwand für Service und Betreuung weitaus höher.

Grundsätzlich können beide Wege zum Erfolg führen - vorausgesetzt, sie passen zum Unternehmer und damit auch zur jeweiligen Firmenphilosophie.

Im Laufe der Zeit orientieren sich viele Unternehmen an ihren Wunschkunden beziehungsweise passen sich den Markt- und Kundenanforderungen an. Hochspezialisierte Handwerksunternehmen sind weniger in der Lage, ihre Kunden individuell zufriedenzustellen, da ihre Mitarbeiter und das Leistungsportfolio der Firma auf einen schmalen Bereich und eher in die Tiefe gehend eingestellt sind. Hier fehlen oft die Voraussetzungen für eine qualitativ hochwertige Arbeitsweise in der ganzen Bandbreite potenzieller Kundenwünsche.

Andererseits sind gerade hoch qualifizierte Mitarbeiter, die Tag für Tag flexibel und individuell Kundenwünsche erfüllen, häufig nicht in der Lage, unter hohem Leistungsdruck Spezialarbeiten effektiv umzusetzen. Die Kosten, die ein Unternehmer für hoch qualifizierte Mitarbeiter aufbringt, lassen sich in der Regel nicht kompensieren.

Beispiel: Schreinerleistungen/Bauelemente

Industriell gefertigte Bauelemente wie Türen oder Fenster unterliegen hinsichtlich Qualität und Preis einem starken Wettbewerb. Für die Montage bleibt da wenig Geld bzw. Zeit übrig. Die Monteure sind darauf getrimmt, Türen oder Fenster laut Auftrag schnellstmöglich einzubauen. Neben- oder Zusatzleistungen sind oft lästig und umständlich, allein die Entscheidungsabsprachen mit Bauherren stellen jedoch schnell ein Problem dar. Wenn es bei der Montage zu Schwierigkeiten vor Ort kommt, werden sofort Mehrkosten angemeldet, und bei größeren Verzögerungen wird die Arbeit abgebrochen und neu geplant.

Ein Schreinermeister, der auf Kundenwunsch Türen und Fenster nach Maß anfertigt, kann sich eine solche Vorgehensweise gar nicht erlauben. Der angemessen hohe Preis für die individuelle Handwerksleistung garantiert dem Kunden auch eine hohe Serviceleistung. In diesem Fall können zusätzliche Wünsche, die sich während des Baufortschritts ergeben, noch Änderungen nach sich ziehen. Nachträglich geäußerte Wünsche wie z. B. ein Lichtausschnitt oder abzusperrende Fenstergriffe sind Kleinigkeiten, die zwar einen zusätzlichen Montageaufwand erfordern, aber vom Kunden in der Regel als Serviceleistung erwartet werden.

Natürlich gibt es in jeder Branche auch Unternehmen, die genau diesen Spagat schaffen: auf Knopfdruck unterschiedlichste Anforderungen angehen und diese auch optimal erfüllen. Das ist eine Kunst, doch wird man bei genauer Betrachtung feststellen, dass jedes Unternehmen seine Präferenzen, d. h. seine Stärken in dem einen oder anderen Bereich hat und dort erfolgreicher Wert schöpft.

Handwerksunternehmen – entweder breit aufgestellt oder spezialisiert

Meiner Erfahrung nach haben kleine und mittelständische Unternehmen entweder ein breites Leistungsportfolio; entsprechend wichtig ist der Service- und Dienstleistungsgedanke für die Kundenbeziehung.

Oder sie haben sich in bestimmten Bereichen so spezialisiert, dass die Leistungen schnell, einfach, zuverlässig und ohne hohen (Kunden-)Service erbracht und berechnet werden. Der Dienstleistungsgedanke und die Kundenbeziehung werden hier nachrangig behandelt.

Unterschiedliche Verhaltensregeln

Je nach dem, mit welcher Strategie sich das Unternehmen positioniert, gelten unterschiedliche Verhaltensregeln, die unbedingt beachtet werden müssen, wenn man erfolgreich am Markt bestehen möchte. Manche dieser Regeln können sogar gegensätzlich sein. Wer sich etwa in Spezialbereichen und zu niedrigen Preisen am Markt bewähren will, ist in jeder Lage gezwungen, seine Interessen zu wahren, schlimmstenfalls sein Geld über den Rechtsweg einzuklagen. In der Regel geht bei dieser Philosophie das Projektgeschäft vor Kundenbindung. Die Abhängigkeit der Spezialisten von ihren Kunden, die ihre individuelle Leistung meist nur einmal in Anspruch nehmen, ist so gering, dass im Fall von Unstimmigkeiten eine Entscheidung für den Rechtsweg leichter fällt.

Für Handwerksunternehmen, die mit kundenorientierten Dienstleistungen ihr Geld verdienen, wäre eine solche Vorgehensweise hingegen eher geschäftsschädigend und nur als „letztes Mittel" in Betracht zu ziehen. Denn nur zufriedene Kunden werden den Betrieb und die gute Serviceleistung weiterempfehlen und/oder Stammkunden werden.

1.2.3 Die Überzeugungskraft des Unternehmers

In inhabergeführten Kleinbetrieben, in denen die Chefs persönlich akquirieren, ihre Mitarbeiter führen u. v. m., sind sie auch diejenigen, welche die Leistungen ihres Unternehmens am Markt anbieten. Neben einer wettbewerbsfähigen Preisgestaltung ist ihre Persönlichkeit und Überzeugungskraft für den Geschäftserfolg mit entscheidend, zumindest für den Abschluss neuer Verträge. Im Verkaufsgespräch müssen sie dem Kunden glaubhaft und authentisch vermitteln können, dass ihre Mitarbeiter über die erforderliche Kompetenz und Leistungsfähigkeit verfügen. Ist der Kunde davon überzeugt, wird er auch den Kaufpreis akzeptieren - sofern er das Vertrauen gewonnen hat, dass das Ergebnis mit dem Angebot und dem Versprechen des Handwerksunternehmens tatsächlich übereinstimmt.

Das allgemein schlechte Image des Handwerks - speziell des Bauhandwerks - rührt vor allem daher, dass manche Handwerksunternehmer mehr versprechen, als sie halten können - und die Erwartungen der Kunden oftmals auch sehr hoch sind. Es gilt daher, Kundenerwartungen und die zu erbringende Leistung objektiv und verständlich im Vorfeld zu klären und in Übereinstimmung zu bringen.

Kundenzufriedenheit steht für alle Mitarbeiter an oberster Stelle

Äußerst wichtig ist, Ihre Mitarbeiter darüber in Kenntnis zu setzen, wie sie mit den Kunden des Unternehmens umgehen sollen. Ihre Mitarbeiter sollten sich über den grundsätzlichen Umgang mit Kunden, über Servicebereitschaft und Maßnahmen zur Kundenzufriedenheit in einem Leitfaden, einer Art „Unternehmens-Bibel", jederzeit informieren können. Darüber hinaus empfehle ich zusätzliche Mitarbeitervereinbarungen zu praxisorientierten Abläufen und gegebenenfalls entsprechende Schulungen.

1.3 Die Unternehmens-„Bibel"

Sie fragen sich sicher: Wozu braucht ein Unternehmen eine „Bibel"? Gemeint ist damit ein Leitfaden, der alle Regeln und Gebote in einem Unternehmen enthält. Der Sinn einer schriftlich fixierten Firmenphilosophie liegt darin, dass alle Beteiligten die Regeln der Zusammenarbeit nachvollziehen können. Das betrifft sowohl die Zusammenarbeit intern im Unternehmen als auch die Zusammenarbeit und das Verhalten bei Kunden vor Ort.

Dieses wichtige Werkzeug erfüllt vielfältige Funktionen: Nach außen ist es eine Art Visitenkarte, nach innen dient es als Betriebsanleitung für die Mitarbeiter. Alles, was im Leitfaden fixiert ist, sollte für alle Beteiligten verbindlich sein, d. h., es sollte auch mitgetragen und gelebt werden. Sowohl im Außen- wie auch im Innenverhältnis muss sich jeder auf die festgelegten Richtlinien beziehen und verlassen können. Dazu gehören u. a. folgende Punkte:

- Ziele/Berufung
- Selbstverpflichtung gegenüber den Kunden
- Grundsätze der Zusammenarbeit
- Organisation und Führung
- (Weiter-)Entwicklung der Firmenkultur.

2. Wer sind unsere Kunden?

Wenn wir uns vorstellen, wie unsere Firma im Idealfall aussehen sollte, haben wir oft spektakuläre Projekte, schwierigste Aufgabenstellungen, prominente Kunden und natürlich grenzenlos guten Verdienst vor Augen. Bei solchen Visualisierungen spielen in der Regel Mitarbeiter, Produkte und Funktionen im Unternehmen keine Rolle.

Eine erstklassige Kundenklientel setzt eine gesteigerte Qualitäts- und Leistungsbereitschaft voraus. Leider überschätzt man als Unternehmer nicht selten die eigenen Möglichkeiten. Vor allem in schnell wachsenden Unternehmen bleibt es aus, die eigenen Mitarbeiter „mitzunehmen". Die Folge: Sie entsprechen (noch) nicht dem erwarteten Qualitätsstandard und den gestiegenen Kundenanforderungen.

Idealbilder helfen uns also selten weiter - es sei denn, unser Unternehmen ist bereits so bekannt, dass potenzielle Kunden ohnehin wissen, was wir können oder wofür wir stehen.

Wenn wir jedoch für einen Kunden - oder eine bestimmte Zielgruppe - nicht bereits tätig waren, kann es auf beiden Seiten leicht zu Missverständnissen kommen. Was genau erwartet Ihr Kunde? Können Sie ihm diese Produkte und Dienstleistungen tatsächlich wie gewünscht bieten? Ob seine Wünsche und die Möglichkeiten Ihres Unternehmens wirklich zusammenpassen, sollten Sie deshalb vor Beginn jeder Geschäftsbeziehung genauestens überprüfen.

2.1 Kundenbedürfnisse richtig gewichten

Jeder Kunde hat seine eigenen Bedürfnisse und Wünsche, die sich mit den Indikatoren „Funktion", „Finanzen", „Qualität", „Service" und „Besonderheit" erfassen lassen. Diese Kriterien ähneln sich oft, werden jedoch im Einzelfall anders gewichtet. Für den einen Kunden ist die Frage nach den Kosten am dringlichsten, während es einem anderen vor allem auf Besonderheit ankommt, also z. B. auf exklusives Design und Hightech-Qualität.

Im folgenden Beispiel aus dem Bauhandwerk spielen jeweils alle oben genannten Indikatoren eine Rolle, doch die Gewichtung fällt jedes Mal anders aus. In einer Skala von 1 bis 5 bedeutet 1 „sehr wichtig" und 5 „nicht wichtig".

Kunde 1 Angestellter/ Familie mit Kindern/ erstes Eigenheim	Kunde 2 Mittleres Management/ Elternhaus geerbt	Kunde 3 VIP/Villa oder Apartment
1. Finanzen	1. Qualität	1. Besonderheit
2. Funktion	2. Funktion	2. Service
3. Qualität	3. Finanzen	3. Qualität
4. Service	4. Service	4. Funktion
5. Besonderheit	5. Besonderheit	5. Finanzen

Kunde 1 hat einen klar umrissenen Finanzrahmen, dem er alle anderen Aspekte unterordnen muss. Die Frage nach außergewöhnlichen Details in seinem Haus stellt sich nur insoweit, wie seine Geldmittel dies erlauben. Daher steht bei ihm der Punkt „Besonderheit“ an letzter Stelle. Anders verhält es sich beim - wohlhabenden - Kunden 3 (VIP). Während die Kosten oder die Funktionalität bestimmter Features für ihn eine untergeordnete Rolle spielen, steht die Exklusivität seiner Wohnumgebung im Vordergrund. Dieser Kunde möchte das Besondere, das sein gesellschaftliches Renommee angemessen widerspiegelt.

Es lohnt sich also, im Vorfeld Kunden ausführlich kennenzulernen, Gespräche zu führen und auch auf Zwischentöne zu achten. Nicht immer ist ein Kunde nämlich in der Lage, sich selbst ein passendes Profil nach den o. g. Kriterien zu erstellen. Hier sind Fingerspitzengefühl und Menschenkenntnis erforderlich, damit dem Kunden das für ihn Wichtige und Richtige im Rahmen seiner Wünsche und Möglichkeiten angeboten wird.

2.2 Wie finden Sie (gute) Kunden?

Die Rahmenbedingungen für Akquisitionen haben sich während der letzten zwei Jahrzehnte in allen Wirtschaftsbereichen stark verändert. Wachsender Wettbewerb durch verbesserte Vergleichsmöglichkeiten, höheren Informationstransfer, Globalisierung und größere Mobilität (z. B. ausländischer Firmen) sind Faktoren, die den Verkauf zahlreicher Dienstleistungen und Produkte erschweren.

2.2.1 Wie bleibt man vom Kunden unabhängig?

„Wir können es uns nicht leisten, nein zu sagen. Der Wettbewerb ist so hart, dass wir auf jeden Auftrag angewiesen sind.“ Wer so denkt, macht sich vom Kunden abhängig. Das Bewusstsein einer solchen Abhängigkeit beschneidet, zumindest subjektiv, die unternehmerische Freiheit. Der Unternehmer sollte jedoch immer „frei“ entscheiden können, mit wem er Geschäfte machen und mit welchen Kunden er zusammenarbeiten möchte. Das geht natürlich nur, wenn mehr Anfragen und potenzielle Auftraggeber vorhanden sind, als tatsächlich mit dem Unternehmen bedient werden können. Bezogen auf die eigene Kapazität sollte es Ziel sein, 150 % an Aufträgen anzubahnen, 120 % davon abzuschließen, 100 % selbst auszuführen und den Rest an Partner oder Nachunternehmer zu vergeben. Damit ist die Grundlage für eine kontinuierliche Auslastung der Belegschaft geschaffen - und somit auch die Grundlage für den Geschäftserfolg im Handwerk.

Ich behaupte: Nicht der Kunde sucht sich ein Unternehmen, sondern Sie als Unternehmer sollten sich Ihre Kunden suchen. Sie müssen allerdings wissen, wer Ihre wirklich „guten“ Kunden sind. Um sie zu erkennen und alle relevanten Zielgruppen zu ermitteln, sollten Sie diese zwei Fragen möglichst präzise beantworten können:

- Welcher Kundentyp kommt wie häufig auf Sie zu?
- Welche Anforderungen werden von Kunden wie oft an Ihr Unternehmen gestellt?

Erst wenn hierüber Klarheit besteht, können intern die Tätigkeitsbereiche optimiert werden, was wiederum Grundvoraussetzung für die Erfüllung von Kundenanforderungen ist.

2.2.2 Aufträge generieren durch Kundenanalyse

Eine einfache Art, Aufträge zu generieren, besteht darin, sich an den bestehenden Kundenbeziehungen zu orientieren. Kunden, die regelmäßig Leistungen in Anspruch nehmen, also Stammkunden, eignen sich dafür ganz besonders. Allerdings werden Stammkunden, vor allem langjährige, häufig überbewertet. Es lohnt sich deshalb, auch diese Kunden einer Analyse zu unterziehen und zu überprüfen, ob sie tatsächlich zu den sogenannten „VIP-Kunden" zählen: Bringen sie immer werthaltige Aufträge? Und wenn nicht, stimmt dann der Jahresdurchschnitt? Werden die Rechnungen pünktlich bezahlt? Steht der Zeitaufwand, der firmenintern und von Ihnen persönlich investiert wird, in einer angemessenen Relation zum Ertrag?

Bei einer solchen Überprüfung stellt sich nicht selten heraus, dass das Verhältnis zwischen Rentabilität und personellen Ressourcen, die Sie speziell mit Blick auf einen Stammkunden bereithalten, nicht mehr wirtschaftlich ist.

2.2.3 Praxistest

Sie kennen sicher solche Kunden, die besonders „wichtig" zu sein scheinen, da sie maßgeblich zur Grundauslastung Ihrer personellen Kapazitäten beitragen. Nicht selten stellen gerade sie an Ihr Unternehmen besonders hohe Ansprüche hinsichtlich Qualität, Service, Flexibilität und Preis-Leistungs-Verhältnis. Möglicherweise verhält es sich in Wirklichkeit aber so, dass dieser Kunde Kapazitäten bindet und für Ihr Unternehmen längst nicht so interessant ist, wie Sie glauben. Zwei Beispiele sollen das verdeutlichen:

Betrachten wir einen Kunden, der viermal im Jahr Ihre Leistungen in Höhe von ca. 25.000,- Euro in Anspruch nimmt. Er verhandelt fair, ist nicht anspruchsvoll in der Betreuung und schätzt Ihre Qualitäten. Nach Fertigstellung der Leistungen nimmt er diese unbürokratisch ab, die Rechnung wird gestellt und innerhalb von zwei Kalenderwochen mit Skonto bezahlt. Kurzum, mit einem solchen Kunden arbeiten Sie gern zusammen.

Nehmen wir einen anderen Kunden, der pro Monat acht Einzelaufträge mit Umsatzvolumen von durchschnittlich je 1.000,– Euro an Sie vergibt. Wirkt auf den ersten Blick interessant, erweist sich aber als überaus unproduktiv, wenn er auch nur einige der folgenden Punkte erfüllt, die bei jedem Unternehmer Alarmsignale auslösen sollten:

Hinweise/Checkliste auf einen „nur" vermeintlich guten Kunden

- Ausführung sofort, Bezahlung undefiniert, irgendwann
- Abnahme und regelmäßige Reklamation
- Rechnungs- und Aufmaßkorrektur
- Aussage: Du musst auf dein Geld warten, bis ich bezahlt werde.
- Aussage: Falls der Kunde nicht akzeptiert, musst du eben auch verzichten.
- Wochenendbereitschaftsdienst
- Aussage: Fahr mal hin und mach ein Angebot.

Je mehr Kreuze Sie in dieser Checkliste setzen, desto eher sollten Sie von diesem Kunden absehen. Im Arbeitsalltag verliert man leicht die Objektivität, die zur Überprüfung der Verhältnismäßigkeit erforderlich ist. Daher ist es sinnvoll, sich mit einer systematischen Analyse einen Überblick über die Kundenstruktur zu verschaffen.

2.3 Die Kundenstrukturanalyse

Eine Kundenstrukturanalyse hilft Ihnen bei der Bewertung Ihrer Kunden. Sie ist vor allem bei lange bestehenden Kundenbeziehungen aufschlussreich, bei denen die emotionale Bindung als sehr wichtig wahrgenommen wird. Mit der Kundenstrukturanalyse lässt sich überprüfen, ob die emotionale Wahrnehmung mit dem betriebswirtschaftlichen Erfolg übereinstimmt. Darüber hinaus hilft sie, eine objektive unternehmerische Entscheidung zu finden.

2.3.1 Funktionen der Kundenstrukturanalyse

Die Kundenstrukturanalyse beschäftigt sich primär mit der Analyse bereits bestehender Kundenbeziehungen und zeigt auf,

- wer Ihre wirklich „guten" Kunden sind,
- welche Zielgruppen ausbaufähig sind,

- welche Kundenbeziehungen gefördert werden sollten und
- mit welchen Sie das Gespräch suchen müssen, um künftig die Geschäftsbeziehung zu verbessern oder gegebenenfalls einzustellen.

In die Analyse sind alle Punkte einzubeziehen, die für den effektiven Verkauf der Produkte notwendig sind. Diese können Sie auf einem Formblatt festhalten und kommentieren, z. B nach den Kriterien

- Umsatzgröße je Kunde und Anzahl der Einzelaufträge,
- Umsatzverteilung zwischen verschiedenen Marktbereichen,
- Umsatzstärke der einzelnen Kunden,
- Verhältnis von Zahlungseingang und Zahlungszielen (Zahlungsmoral),
- interner Aufwand je Kunde (Wie viele - unproduktive - Bürostunden müssen für die Abwicklung von Aufträgen/wegen Reklamationen etc. aufgewendet werden? Wie hoch ist der unternehmerische Aufwand?)
- Werthaltigkeit der Aufträge je Kunde,
- Vertriebsstrukturanalyse (Direktgeschäft, Nachunternehmer, Vertrieb).

2.3.2 Weitere Vorteile der Kundenstrukturanalyse

Die Kundenstrukturanalyse stellt eine ideale Vorlage für sachliche und konkrete Gespräche mit Kunden dar. Alle wichtigen Daten, Fakten und Zahlungsgewohnheiten Ihrer Geschäftspartner werden objektiv dokumentiert. Dem gegenüber erfassen Sie Ihren Zeit-Leistungs-Aufwand. So können Sie überprüfen, ob Ihr Einsatz in angemessenem Verhältnis zum Kundenauftrag steht und ob er sich für Sie lohnt.

Ist das nicht der Fall, hilft Ihnen nur ein faktenbezogenes Gespräch mit Ihrem Kunden. Die sachliche Analyse qualifiziert Sie als aufmerksamen Auftragnehmer und Dienstleister und dokumentiert zugleich die Bedeutung, die Sie Ihrem Kunden beimessen. Insbesondere wenn eine Unstimmigkeit in der geschäftlichen Beziehung aufgetreten ist, erleichtert das persönliche „Struktur"-Gespräch, Schwachstellen in der Geschäftsbeziehung zu bereinigen. Übrigens: Nicht selten nimmt der Kunde sachliche Kritik dankbar an und ist bestrebt, die Geschäftsbeziehung weiter zu pflegen.

Auf einen Blick: Kundenstrukturanalyse

Die Kundenstrukturanalyse dient der Kontrolle und objektiven Bewertung der Kunden- beziehungsweise Auftragsstruktur. Insbesondere beantwortet sie die Frage: „Wie viel Zeit wende ich für welchen Kunden auf?“

Ihre Ergebnisse stellen den direkten Zusammenhang zwischen Zeit und Geld her. Sie bilden die Grundlage für die künftige Unternehmensausrichtung und damit verbundene Entscheidungen über Kapazitäten und Zielgruppen. Je detaillierter die Informationserfassung, desto wertvoller ist das Ergebnis. Das hilft Ihnen zu entscheiden, ob Sie mit einem Kunden zusammenarbeiten möchten oder nicht und welche Zielgruppen erfolgversprechend und rentabel für Sie sind.

3. Marketing und Internetwerbung

3.1 Marketing

Bis vor einigen Jahren war es in der Regel für einen Handwerksbetrieb ausreichend, im örtlichen Branchenbuch zu stehen, die Fahrzeuge mit Firmenbeschriftung zu versehen und die Mitarbeiter mit einheitlicher Arbeitskleidung auszustatten. Als medienwirksame Maßnahmen galten Anzeigen in der örtlichen Tageszeitung als ausreichend, gelegentlich auch in Verbindung mit Glückwünschen zur Neueröffnung oder einer Danksagung für einen durchgeführten Auftrag. Übliche Werbegeschenke für Kunden waren beispielweise in der Baubranche Kalender, Meterstäbe und Bleistifte. Mit dem Geschenk edler Spirituosen drückte man seine besondere Anerkennung aus, was auch heute noch üblich ist.

Auch wenn es für die Qualität und Quantität von Werbung keine Pauschalregelungen gibt, zumal deren Wirkung nicht messbar ist, möchte ich einige Punkte ansprechen, die das Potenzial von Marketing verdeutlichen.

Bedeutung von Marketing

Unterhalten sich zwei alt verdiente Unternehmer über ihre „Werbung“, beziehen sie sich in der Regel auf einfache Dinge wie Werbegeschenke, Anzeigen, Internetauftritt, Postwurfsendungen u. Ä. Doch ist diese Art von Werbung heutzutage nur noch ein kleiner Teil eines komplexen Gebiets, das man Marketing nennt. Marketing bedeutet den gesamten Einsatz eines Unternehmens für einen ertragreichen Absatz seiner Produkte und Dienstleistungen, d. h. alle Maßnahmen und Methoden eines Unternehmens, sein Marktkapital zu halten und zu vermehren.

„Marketing" ist ein analytisches und strategisches Werkzeug: Ausgehend von einer Marktanalyse werden Strategien entwickelt, wie man sich welcher Zielgruppe am besten präsentiert (Unternehmensauftritt) und wie man sie für sich gewinnt (Kundengewinnung und -entwicklung).

Marktanalyse: Standortbestimmung

Am Beginn der Marketingkonzeption muss die Frage geklärt werden: Wo steht mein Unternehmen? Zur Analyse des eigenen Standorts gehört die Wettbewerbs- und Marktsituation (Außenverhältnis) und die derzeitige Unternehmenssituation (Innenverhältnis).

- **Außenverhältnis: Wie steht es um meine Wettbewerbs- und Marktsituation?**

  In die Marktanalyse gehören folgende Kriterien:

  a. **Quantitative Marktdaten:** Marktgröße, Marktwachstum, Anteile, Nachfragestabilität.

  b. **Qualitative Merkmale:** Bedürfnisstruktur, Kaufmotive, Kaufprozesse, Informationsverhalten.

  c. **Konkurrenzanalyse:** Umsätze/Marktanteile, Stärken/Schwächen, erkennbare Strategien der Mitbewerber, deren Finanzkraft.

  d. **Kundenstruktur:** Anzahl der Kunden, Kundentypen, regionale Schwerpunkte.

  e. **Branchenstruktur:** Anzahl und Art der Anbieter, Organisation/Verbände, Kapazitätsauslastung, Wettbewerbsmentalität.

  f. **Distributionsstruktur (Verteilungs-/Auflösungsstruktur):** Wie dicht ist das Netz der Unternehmen mit meiner Spezialisierung? Über welche Kanäle erreicht man den Markt (direkt/Fachhandel/Architekten etc.)?

  g. **Sicherheit:** Welche Rahmenbedingungen (Qualifikation) muss ich erfüllen, um in bestimmten Märkten arbeiten zu können? Kann jeder diese Aufgaben erfüllen oder nur wenige oder nur ich (Substituierbarkeit)?

- **Innenverhältnis: Wie ist die derzeitige Unternehmenssituation?**

  a. **allgemeine Unternehmensentwicklung:** Überprüfung der Umsatzentwicklung insgesamt sowie in einzelnen Sparten und Produktgruppen, unter Berücksichtigung der Kosten- und Gewinnentwicklung.

b. **Marketing:** Analyse der Marktleistung des eigenen Unternehmens im Hinblick auf die Sortimentsvielfalt und die Konkurrenzfähigkeit der einzelnen Produkte. Dazu gehört auch die Überprüfung der Qualität und Zusatzleistung von Produkten und ihrer Preise. Welcher Aufwand wird für Firmenimage, Markenpolitik und Öffentlichkeitsarbeit aufgewendet?

c. **Produktion:** Überprüfung der Materialwirtschaft. Welche technologischen Optimierungsmaßnahmen kann man vornehmen?

d. **Finanzen:** Überprüfung der Kapitalstruktur, laufenden Liquidität und künftig nötigen Investitionsmittel.

e. **Personal:** Überblick und Bewertung von Qualität, Leistungsfähigkeit, Arbeitseinsatz, Lohnpolitik/sozialen Leistungen, Betriebsklima, Teamgeist.

Ziele der Marktanalyse

Die Analyse all dieser Faktoren führt dazu, sich Lücken und Schwachstellen bewusst zu machen und die eigene Marktposition zu überdenken. Darüber hinaus zeigt sie Vorteile und Stärken auf, die in der Werbung hervorgehoben werden können.

Ein weiterer Aspekt sind die Zielgruppen. Möchten Sie alle Kunden gleich ansprechen, so werden die Aussagen allgemein. Zeigt die Analyse hingegen, dass eine oder mehrere Zielgruppen besonders interessant sind, müssen Sie hinterfragen, auf welche Themenschwerpunkte Sie Ihre Werbung richten.

Werbung hat nicht nur eine Informations-, sondern auch eine Beeinflussungsfunktion. Entsprechend wählen Sie die für Ihre Zielgruppe notwendigen Maßnahmen aus. Je länger ein Unternehmen am Markt tätig ist, desto eher steigt erfahrungsgemäß die Gefahr, dass der Unternehmer Marktentwicklungen, Trends und Veränderungen nicht mehr objektiv wahrnimmt, wenn er sich nicht regelmäßig mit diesem Thema auseinandersetzt.

Kundenvertrauen durch Markenqualität

Es ist äußerst wichtig, gegenüber den Kunden authentisch zu sein und von ihnen auch so wahrgenommen zu werden. Voraussetzung für eine authentische Wirkung ist, dass verschiedene Faktoren aufeinander abgestimmt sind. Das Verkaufsgespräch, der Firmenauftritt, die Art, wie Sie als Chef Ihr Unternehmen leiten, das Auftreten der Mitarbeiter und der Umgang mit den Kunden sollten im Erscheinungsbild übereinstimmen. Nur ein konsistenter Auftritt stärkt das Kundenvertrauen. Kunden erteilen in der Regel den Auftrag demjenigen, dem sie am ehesten glauben und vertrauen.

Markenqualität im Handwerk

Bei der Entscheidung des Kunden für ein bestimmtes Produkt spielt die Markenqualität eine wichtige Rolle. Sie bietet definierte Standards und Garantieleistungen. Merkmale, die eine gute Marke auszeichnen, sind u. a.:

- Qualität, Zuverlässigkeit, lange Lebensdauer
- Serviceleistungen, Kulanz
- stabile Preise
- Seriosität und Erfahrung
- Weiterentwicklung
- Image, Tradition, Trend.

Verhalten der Mitarbeiter

Grundvoraussetzung für Kundenvertrauen, Qualität und Service ist, dass für jeden einzelnen Mitarbeiter im Unternehmen die Ziele des Unternehmens wie auch die Kundenzufriedenheit im Mittelpunkt stehen. Kundenorientierung sollte in der täglichen Arbeit und im Verhalten der Mitarbeiter ständig präsent sein. Nur durch eine harmonische Zusammenarbeit und ein auch nach außen hin spürbar gutes Betriebsklima kann ein Unternehmen den Kundenanforderungen gerecht werden und sich am Markt behaupten.

3.2 Internetwerbung

3.2.1 Ziele im World Wide Web

Die Werbemöglichkeiten für Unternehmen sind vielfältig wie nie zuvor. Zahlreiche Medien reißen sich förmlich um die Budgets der Unternehmen und bieten dabei die verschiedensten Formen von Werbung an. Dem Internet kommt dabei eine besondere Bedeutung zu. Kein Handwerksbetrieb kann es sich mehr leisten, sich diesem Medium zu verschließen.

Doch Fragen wie „Was ist wichtig?“, „Wie muss ich mich präsentieren?“ stellen sich ganz von selbst. Das Internet kennt schier unendliche Formen der Präsentation, von denen einige hier erwähnt werden sollen.

Eintrag in Branchen- oder Ortsverzeichnisse

Ein einfacher Weg, im Internet gefunden zu werden, ist der Eintrag in verschiedene Branchen- oder Ortsverzeichnisse. Kostenlose Angebote können hier auf jeden Fall genutzt werden, bei kostenpflichtigen Einträgen ist die Seriosität des Anbieters bzw. die Relevanz des Verzeichnisses sehr genau zu prüfen. Meist werden hier hohe Gebühren gefordert. Die tatsächlichen Klicks und Kontakte, die über diese Portale generiert werden, stehen jedoch häufig nicht im Verhältnis zu den Kosten.

Insbesondere bei kostenfreien Einträgen - einige davon werden sogar automatisch aus Telefon- oder Branchenverzeichnissen generiert - ist auf jeden Fall die Richtigkeit der Angaben regelmäßig zu überprüfen. Veränderungen sind hier schon mit wenigen Klicks umzusetzen.

Google Places

Das Branchenbuch „Google Places“ ist eine gute Möglichkeit für Unternehmen, online präsent zu sein. Das Google-Places-Branchencenter ist so etwas wie die Schaltzentrale Ihres Firmeneintrags. Von hier aus können Sie Ihren Eintrag verwalten, Anzeigen in der Google-Suche schalten und sogar Statistiken Ihres Eintrags einsehen. Die Statistiken des Google-Branchencenters geben Ihnen Aufschluss darüber, wie viele Personen Ihren Eintrag in den letzten 30 Tagen gesehen oder angeklickt haben. Auch Klicks auf Ihre Homepage werden mitgezählt und in den Statistiken angezeigt.

Außerdem werden Sie gefunden, wenn Ihre Kunden über den Namen beispielsweise nach der Adresse oder der Telefonnummer suchen, um mit Ihnen in Kontakt zu treten.

Elektronische Visitenkarte

Die einfachste Version einer eigenen Homepage ist die elektronische Visitenkarte. Dabei handelt es sich um eine statische Präsentation unter einer eigenen Internetadresse, bei der auf einer Seite lediglich die wesentlichen Leistungsmerkmale und die Kontaktdaten des Unternehmens anzeigt werden. Eine solche Visitenkarte im Internet ist meist schnell und einfach erstellt, sie verliert allerdings auf Grund des statischen, immer gleichen Inhalts schnell an Relevanz und rückt bei der Google-Suche im Ranking immer weiter nach hinten.

Firmen-Website

Mit einer eigenen Firmen-Website können Sie Ihr Unternehmen und die angebotenen Leistungen umfassend und informativ darstellen. Der Nutzer erhält so einen ersten Eindruck von Ihrem Unternehmen und ein Gespür dafür, ob ihn die Präsentation anspricht. Eine professionelle Gestaltung ist Voraussetzung, denn potenzielle Kunden ziehen bereits von der Gestaltung der Homepage Rückschlüsse auf die Qualität der Leistungsfähigkeit.

Google AdWords

Um noch mehr Besucher auf Ihre Website und Ihr Unternehmen aufmerksam zu machen, bietet Google unter dem Begriff „AdWords“ die Möglichkeit, kleine Anzeigen zu bestimmten Suchbegriffen und auch nur für Nutzer in bestimmten Regionen oder Städten zu schalten, um damit in der Trefferliste möglichst weit vorne zu landen. Mit Google AdWords können Sie immer dann gefunden werden, wenn potenzielle Kunden bei Google nach Ihren Produkten oder Dienstleistungen suchen. Wer dann auf Ihre Anzeige klickt, landet direkt auf Ihrer Homepage. Für diesen Klick fallen dann jedoch Kosten an. Diese Kosten kann man mit bestimmten Budgets deckeln, um somit eine (automatische) Kostenkontrolle zu haben. Wie Sie mit Anzeigen bei Google AdWords vorgehen, erfahren Sie im Internet unter www.google.de/adwords.

3.2.2 Vorgehensweise

Allein mit der Idee zur Präsentation Ihres Unternehmens im Internet ist es natürlich nicht getan, sie muss auch entsprechend umgesetzt werden. An dieser Stelle stellt sich schon die grundsätzliche Frage: Selbst machen oder machen lassen?

Wer selbst im Umgang mit dem Computer etwas geübt und mit verschiedenen Programmen vertraut ist, kann das eine oder andere sicherlich selbst erledigten. Allerdings muss man dabei überlegen, ob die eigene Zeit nicht für andere Tätigkeiten sinnvoller investiert werden kann und man die Programmierung und Erstellung von Internetseiten Profis überlassen sollte, die dafür einen Bruchteil der Zeit benötigen. Einige Internet-Provider bieten inzwischen branchenspezifische Baukasten-Lösungen für den Do-it-yourself-Unternehmer an.

Umgang mit Werbefirmen und Agenturen

Als Unternehmer und Funktionär habe ich mit vielen unterschiedlichen Werbefirmen/Agenturen zusammengearbeitet und die Erfahrung gemacht, dass in dieser Branche viel versprochen wird, jedoch die Messbarkeit und Wertigkeit der Maßnahmen nicht immer nachvollziehbar sind.

Die Stundensätze für Grafik und Gestaltung liegen zwischen 40,- und 90,- € pro Stunde. Hier sollte man sich genau informieren und Referenzen einholen, denn ein niedriger Stundensatz ist ebenso wenig Garant für preisgünstige Arbeit, wie umgekehrt hohe Stundensätze nicht unbedingt Qualität garantieren.

Wichtig bei der Zusammenarbeit mit Werbefirmen und Agenturen ist eine genaue Definition der Aufgaben und Vorstellungen. Je klarer ein Unternehmer seine Ideen und Ziele definiert und artikuliert, desto zielgerichteter – und auch kostengünstiger – kann eine Agentur arbeiten. Ist ein Projekt klar umrissen, kann auch das Budget eingehalten werden oder sogar zu einem Festpreis angeboten werden. Ein Lasten- und Pflichtenheft erleichtert beiden Seiten die Arbeit.

Im Rahmen der Umsetzung sollten Sie immer wieder Zwischenschritte einbauen und die bisherigen Leistungen begutachten und freigeben. Zum einen ermöglicht dies ein zielgerichtetes Arbeiten, zum anderen können auch die Kosten ständig kontrolliert werden.

Checkliste zur Zusammenarbeit mit Agenturen

- Wählen Sie eine geeignete Agentur aus. Entscheidungskriterien können Empfehlungen von Kollegen oder entsprechende Referenzen sein. Wichtig ist aber, dass die Chemie zwischen Ihnen und der Agentur stimmt.
- Definieren Sie klare Ziele und Aufgaben.
- Lassen Sie sich ein möglichst konkretes Angebot erstellen. Festpreise oder Paketpreise für einzelne Elemente sind eine gute Möglichkeit, damit die Kosten nicht aus dem Ruder laufen.
- Setzen Sie sich regelmäßig mit der Agentur zusammen, um Zwischenergebnisse zu begutachten, damit das Projekt nicht in eine völlig falsche Richtung läuft.

Gestaltung der Website

Der Erfolg einer Internetpräsenz hängt von zahlreichen Faktoren ab. Grundsätzlich wichtig ist, dass die Homepage auch wirklich zu Ihrem Unternehmen passt und Ihren persönlichen Stil widerspiegelt. Bei der Konzeption und Gestaltung einer Homepage sollten einige Punkte beachtet werden.

- **Erwerb einer stimmigen und leicht identifizierbaren Web-Adresse**
  Eine Vielzahl von Web-Adressen ist bereits vergeben. Suchen Sie nach einer geeigneten Adresse, über die Sie und evtl. auch Ihre Tätigkeit bereits erkennbar sind.
- **Klare, übersichtliche Gestaltung**
  Klare Strukturen und ein einfacher Aufbau sind für den Erfolg einer Website sehr wichtig. Wenn der Nutzer nicht weiß, wie und wo es weitergeht, wird er die Seite schnell wieder verlassen.

- **Einfache Navigation**
  Neben der Übersichtlichkeit ist eine schnelle und einfache Navigation wichtig. Die Besucher Ihrer Seite sollten sich nicht in einem Geflecht von Unterseiten verlieren.
- **Zielgruppenansprache**
  Wenn Sie verschiedene Zielgruppen ansprechen, sollten sich diese auf der Seite wiederfinden und die für sie wichtigen Informationen schnell und einfach finden.
- **Ausgewogenheit von Text und Bild**
  Eine Seite, die nur als Bildern besteht, ist genauso langweilig wie eine Seite, die nur Text beinhaltet. Auf die Mischung kommt es an.
- **Länge von Texten**
  Lange Texte werden im Internet in der Regel nicht gelesen. Bringen Sie die Informationen schnell und klar auf den Punkt.
- **Impressum und Kontakt**
  Machen Sie es dem Besucher Ihrer Seite einfach, mit Ihnen in Kontakt zu treten. Schon auf der Startseite sollten eine E-Mail-Adresse und eine Telefonnummer zu finden sein. Achten Sie auch auf die rechtlichen Vorgaben bei der Gestaltung des Impressums, das auch von jeder Unterseite aus erreichbar sein muss.

Die Webseite des Autors Thomas Graber

Bedeutung von Bildern

Bilder sind ein wichtiger Bestandteil von Werbung und Marketing. Die menschliche Wahrnehmung findet zu über 70 % über Bilder statt. Umso wichtiger ist die hohe Qualität des Bildmaterials, das für die Werbung verwendet wird. „Ein Bild sagt mehr als tausend Worte", und entsprechend zahlt sich eine Investition hier aus. Allerdings sollten Sie bei der Auswahl der Bilder einige Punkte beachten:

- Nichtssagende Fotos von Bildagenturen, die auf jeder zweiten Website verwendet werden, langweilen den Besucher.

- Eigene Fotos sollten von hoher Qualität sein. Andernfalls sollten Sie einen Fotografen beauftragen.
- Referenzen können meist hervorragend mit Bildern illustriert werden (Erlaubnis einholen!).
- Denken Sie auch daran, dass Mitarbeiter um ihre Zustimmung gefragt werden müssen, wenn Bilder von ihnen im Internet veröffentlicht werden.

Suchmaschinenoptimierung („SEO")

Viele Besucher werden heute über Suchmaschinen den Weg zu Ihrer Website finden. Mit einem Marktanteil von derzeit fast 90 % ist Google hier sicherlich die Bekannteste. Bei ihrer Suche sind diese Portale allerdings auf Schlüsselbegriffe angewiesen, nach denen Ihre Website klassifiziert werden kann. Alle wichtigen Begriffe, unter denen Ihr Unternehmen gesucht werden könnte, sollten also auf der Seite klar erkennbar sein oder sogar in einem Stichwortverzeichnis hinterlegt sein. Unter dem Stichwort „SEO" (Search Engine Optimization, englisch für Suchmaschinenoptimierung) bieten externe Dienstleister hier entsprechende Möglichkeiten an.

Pflege der Internetseite

Sowohl im Hinblick auf die Suchmaschinenoptimierung als auch das Interesse der Besucher sollte die Webseite regelmäßig aktualisiert werden. Neue Inhalte erhöhen bei den Suchmaschinen die Relevanz und damit die Platzierung innerhalb der Suchergebnisse. Auf keinen Fall dürfen auf Ihrer Seite veraltete Informationen, beispielsweise Hinweise auf längst vergangene Veranstaltungen oder Termine, zu finden sein. Die regelmäßige Pflege kann dabei durchaus vom Unternehmen selbst vorgenommen werden. Dies ist umso leichter, wenn bei der Gestaltung auf ein sogenanntes CMS (Content Management System) zurückgegriffen wird, denn dann ist für die regelmäßige Aktualisierung keine spezielle Software nötig.

Alle zwei bis drei Jahre sollte die Seite aber einer gründlichen Überarbeitung unterzogen werden, um sowohl die Gestaltung als auch die Technik an die neuesten Entwicklungen anzupassen.

4. Wie sieht eine richtige Kalkulation aus?

4.1 Aufgabe der Kalkulation

Wissen Unternehmer wirklich, wie ihr Unternehmen betriebswirtschaftlich funktioniert?

Ich möchte behaupten, dass viele Unternehmer nicht genau wissen, wie ihr eigenes Unternehmen betriebswirtschaftlich funktioniert, z. B. welche Einflüsse sich wie auf Leistungsfähigkeit und Rendite auswirken und mit welchen Steuerungsmaßnahmen man ein Unternehmen gezielt kurz-, mittel- und langfristig lenken kann.

Besonders Unternehmer, die bestehende Firmen übernommen haben oder als Quereinsteiger mit dieser Verantwortung konfrontiert werden, machen sich häufig nicht die Mühe, das System „Handwerksunternehmen" zu begreifen. Nicht selten verlassen sie sich jahrelang auf die Zahlen aus der Vergangenheit und hoffen schlicht, dass die Geschäfte wie gewohnt weiterlaufen. Dies ist ein verhängnisvoller Irrtum, der das Unternehmen gefährden kann. So wie im Rennsport neben der Leistungsfähigkeit auch die Schwächen eines Gefährts bekannt sein müssen, um unkontrollierte Risiken auszuschalten und den Fahrer nicht zu gefährden, so muss der Unternehmer alle Faktoren berücksichtigen und sich der Frage stellen: Wie reagiert das Unternehmen betriebswirtschaftlich auf welche Einflüsse? Wie erkenne ich Probleme, damit ich rechtzeitig Gegenmaßnahmen einleiten kann?

Den Betrieb unter die Lupe nehmen

Auch wenn ein Betrieb sehr gute Ergebnisse erzielt, sollte er wenigstens alle drei bis fünf Jahre hinsichtlich Kosten und Kalkulation überprüft werden!

Das System „Handwerksbetrieb" begreifen

Jeder Unternehmer sollte es sich zur Gewohnheit machen, von Zeit zu Zeit sein Unternehmen auf den Prüfstand zu stellen. Mithilfe von betriebswirtschaftlichen Kennzahlen werden die wichtigsten kaufmännischen Grundlagen ermittelt. Sie stellen die Basis jeder unternehmerischen Entscheidung dar. Erst wenn der Unternehmer die Wechselbeziehung von Kosten und Leistung, Umsätzen und Gewinnen sowie Produktivstunden und Gemeinkosten bewusst wahrnimmt, bekommt er ein Gefühl dafür, wie sein Unternehmen „gestrickt" ist. Er erkennt damit, was in der Vergangenheit zum Erfolg geführt hat und was dem Unternehmensergebnis geschadet haben könnte.

Eine fundierte Analyse in Verbindung mit persönlicher Erfahrung und der sicheren Einschätzung der Marktsituation ist für die Kompetenz des Unternehmers extrem wichtig. Sie schärft seinen Instinkt, sein Bauchgefühl und gibt ihm Sicherheit.

Wissen ist Macht!

Eine wettbewerbsfähige Kalkulation ist nur möglich, wenn man von fundierten Zahlen- und Kostenstrukturen ausgeht. Ohne eine solche Grundlagenermittlung läuft die Unternehmensplanung ins Leere. Sie wäre rein spekulativ und würde das unternehmerische Risiko unnötig steigern.

Den richtigen Preis finden

Um den Preis eines Produkts oder einer Dienstleistung zu kalkulieren, muss man alle Kosten und Aufwendungen zu seiner Herstellung einschließlich des Gewinnaufschlags ermitteln.

Dabei stellt sich das Problem, dass es vor der Abgabe von Preisangeboten, speziell bei Lohnleistungen, in vielen Fällen nicht möglich ist, **alle** relevanten Kosten und Aufwendungen zu ermitteln, da die Vorleistungen zum Zeitpunkt der Preisbildung noch unbekannt sind. Grund für dieses Problem sind ungenügend ausformulierte Leistungstexte, die entweder unvollständig oder fachlich nicht richtig sind. Auch erschwerte Bedingungen bei der Ausführung werden nur sehr selten in LV-Texten (Ausschreibungen) dargestellt.

Viele Unternehmer machen den Fehler, die Struktur ihrer eigenen Firma - ihre Kosten und Leistungsfähigkeit - im Preiswettbewerb zu vernachlässigen. Preisangebote werden „marktgerecht“ oder „wettbewerbsfähig“ gemacht, obwohl sie mit der betriebseigenen Kalkulation und Kostenstruktur nicht übereinstimmen. Bei manchen Preisangeboten kann man sich über den Wettbewerb(er) und seine Niedrigstpreise nur wundern.

„Wenn der das kann, können wir das auch!“

Manche Unternehmer reagieren auf solche Niedrigstpreisangebote, indem sie den Preiskampf am Markt aufnehmen, ganz nach dem Motto „Wenn der das kann, können wir das auch!“. Im Nachhinein aber stellen sie fest, dass sie nicht über die notwendigen Mittel und Werkzeuge bzw. Lohnstrukturen verfügen, um aus dem schlechten Preis noch etwas herauszuholen. Unter solchen Voraussetzungen einen Auftrag anzunehmen ist ein riskantes Spiel, denn man weiß nicht, ob er sich am Ende lohnt.

Methodische Grundlagenermittlung/Kennzahlen

Zur Vermeidung solcher Risiken möchte ich Ihnen an einem Fallbeispiel praxisnah veranschaulichen, wie die **methodische Grundlagenermittlung** funktioniert und welche betriebswirtschaftlichen Kennzahlen für die Kalkulation relevant sind. Anhand des hier gewählten Unternehmensprofils können Sie mithilfe von vorgegebenen, durchaus üblichen Umsatzzahlen und Einflussfaktoren nachvollziehen, wie die für Kalkulation und Planung notwendigen Kennzahlen ermittelt werden. Im Verlauf dieser Grundlagenermittlung werden auch strategische Überlegungen angestellt, die auf den betriebswirtschaftlichen Ergebnissen beruhen.

Unternehmensplanung - Umsatz-, Gewinn- und Kapazitätsplanung - orientiert sich in der Regel an den Zahlen des vergangenen Geschäftsjahrs. Lediglich Faktoren wie Expansion des Unternehmens, neue Betätigungsfelder, Umstrukturierungen oder Krisensituationen beeinflussen die Planung in außergewöhnlicher Weise.

Gefahren lauern im Detail

Auch wenn der Überblick über die Kostenentwicklung im Bereich Lohn- und Betriebskosten notwendige Voraussetzung für eine realistische Planung ist. Es geht auch darum, „schleichende“ Missstände und kleine Fehlerquellen aufzudecken. Sie erweisen sich mitunter als tickende Zeitbomben. Gefahren lauern häufig im Detail. Die „richtige“ strategische Ausrichtung des Unternehmens im Hinblick auf die Zukunft ist daher nur mit einer detaillierten Planung möglich.

4.2 Aufbau einer Kalkulation – betriebswirtschaftliche Grundlagen

Risiken minimiert man durch eine methodische Vorgehensweise. Mithilfe von Jahresumsatzkalkulation (Basiskalkulation) und dem Stundenverrechnungssatz werden die Grundlagen geschaffen, die bei jeder Beurteilung/Bewertung von Projektkalkulationen herangezogen werden. Nur durch eine erfolgreiche Projektkalkulation können werthaltige Aufträge generiert werden, die Voraussetzung für die Erreichung der selbst gesetzten Unternehmensziele sind.

In der **Jahresumsatzplanung** werden alle relevanten Kosten und Aufwendungen im Unternehmen für ein Geschäftsjahr unter Berücksichtigung außerordentlicher Aufwendungen und künftiger Änderungen in der Kostenstruktur festgestellt. Als Basis dienen in der Regel die Zahlen des vergangenen Geschäftsjahrs (siehe das nachfolgende Beispiel der Fa. Mustermann).

Stundenverrechnungssatz (Basiskalkulation): Der ermittelte Stundensatz bildet die Grundlage für die Umrechnung von Zeiteinzelwerten im entsprechenden Montagepreis. In der Regel wird der Stundenverrechnungssatz des Vorjahrs übernommen und entsprechend angepasst.

Bei der **Projektkalkulation** wird ein Angebot (Leistungsverzeichnis) unter Berücksichtigung der individuellen Anforderungen und Schwierigkeiten durch eine entsprechende Preiskalkulation bewertet. Dazu gehören die Vor- und Nachkalkulation einschließlich Materialeinsatz, was übrigens auch für die Abgrenzung und Rechnungsstellung erforderlich ist.

Im folgenden Beispiel der Fa. Mustermann wird zunächst beurteilt, wie ein Unternehmen aufgestellt ist. Dazu sind alle wichtigen Leistungsbereiche aufgelistet, die Kalkulation und Kosten beeinflussen: Personal, Jahresumsatz, Materialanteil in Prozent, Leistungsportfolio, Zusatzleistungen und/oder Nachunternehmer.

Firmenbeispiel – Firma Mustermann	
Büro (unproduktiv):	1,5 Personen
Monteure (produktiv):	6 Personen
Struktur X/Y/Z:	Leistungsportfolio
Fremdleistung (produktiv): (Leiharbeiter/Kollegenhilfe)	ca. 480 Std./Jahr
Nachunternehmer: (Teilleistungen durch andere Firmen)	ca. 50.000,- €
Jahresumsatz Eigenleistung:	ca. 660.000,- €
Materialanteil:	ca. 35 %
Regiestundensatz:	ca. 37,50 €/Std.

In diesem Beispiel handelt es sich um einen kleineren Handwerksbetrieb mit durchschnittlicher Personalstruktur. Die Umsätze und die Verteilung der Leistungen sind für das Handwerk durchaus üblich; der Materialeinsatz hängt stark von der Branche ab, ist aber im Mittel ein gängiger Wert. Welche Leistungen die Fa. Mustermann anbietet, ist zunächst nicht relevant. Diese Frage wird jedoch für strategische Überlegungen an späterer Stelle nochmals aufgegriffen.

4.2.1 Begriffsklärungen und Berechnungsgrundlagen

- **Produktive Mitarbeiter** arbeiten in der Produktion, Fertigung und/oder auf der Baustelle. Zu ihnen zählen auch Teilzeitarbeitskräfte, Leiharbeiter und/oder Kollegen. Sie tragen direkt zur Herstellung des Produkts oder der Leistung bei.
- **Nicht produktive Mitarbeiter** sind im Büro bzw. in der Administration tätig. Zu ihnen zählen auch Montageleiter, Lagerarbeiter, Fahrer etc. Sie sind für Organisation und Ablauf zuständig und tragen indirekt zur Herstellung des Produkts oder der Leistung bei.
- **Stundenverrechnungssatz:** Der Stundenverrechnungssatz bildet die Grundlage für die Projekt- und Preiskalkulation. Natürlich gibt es auch projektbezogene Kosten, wie z. B. Mehraufwand für Übernachtung und Auslösung, Transport- und Hebewerkzeuge u. v. m. Diese sind jedoch zunächst für die Erstellung der Basiskalkulation nicht relevant. Im Folgenden werden zum leichteren Verständnis anhand des **vereinfachten Stundenverrechnungssatzes** die wichtigsten Einflussfaktoren für den Stundenverrechnungssatz und die Kalkulation betrachtet.

In der Praxis werden verschiedene Kostenblöcke gebildet, die wahlweise auf ein Projekt, größtenteils jedoch über den Stundenverrechnungssatz, umgelegt werden. Die Ermittlung des Stundenverrechnungssatzes ergibt sich im vereinfachten Verfahren wie folgt:

Ermittlung des Stundenverrechnungssatzes	
A1)	Betriebsmittellohn
A2)	+ lohngebundene Nebenkosten
	= Lohnkosten gesamt
B)	+ Gemeinkostenzuschlagsatz[2]
	= Selbstkosten
C)	+ Wagnis & Gewinn
D)	**= Stundenverrechnungssatz**

2 siehe Formel Seite 41

Betrachten wir nachfolgend diese Positionen im Einzelnen:

- **zu A 1: Betriebsmittellohn (A 1)**

Der Betriebsmittellohn ist der durchschnittliche Bruttostundenlohn der im Unternehmen produktiv tätigen Mitarbeiter. Das bedeutet: Die Summe aller Stundenlöhne jedes einzelnen Mitarbeiters wird durch die Anzahl der Mitarbeiter geteilt.

$$\frac{\text{Summe aller Stundenlöhne der produktiven Mitarbeiter}}{\text{Anzahl aller Mitarbeiter}} = x\,€$$

Rechenbeispiel

Mitarbeiter 1:	11,50 €
Mitarbeiter 2:	11,80 €
Mitarbeiter 3:	12,70 €
Mitarbeiter 4:	12,80 €
Mitarbeiter 5:	13,30 €
Mitarbeiter 6:	13,50 €
gesamt:	75,60 €
./. 6 Mitarbeiter =	**12,60 €/Std.**

Lohnkostenstruktur langfristig planen

In Unternehmen, die von den Eltern gegründet und dann an die nachfolgende Generation weitergegeben werden, ist die Mitarbeiterstruktur oft überaltert. Der laufende Nachschub an jüngeren Mitarbeitern ist ausgeblieben, da der Seniorchef zuletzt die Verantwortung für neues Personal seinem Nachfolger überlassen wollte.

In dieser Konstellation verbirgt sich eine Gefahr. Aufgrund der langjährigen Betriebszugehörigkeit der einzelnen Mitarbeiter ist die Lohnkostenstruktur sehr hoch, nicht zuletzt aufgrund der gesetzlichen und tariflichen Lohnerhöhungen. Somit fehlen häufig Mitarbeiter im Niedrig- und Mittellohnsegment, die dazu beitragen, den Betriebsmittellohn langfristig auf einem wettbewerbsfähigen Niveau zu halten. Nur eine langfristige Personalplanung gewährleistet eine ausgewogene Personal- und damit auch eine stabile Kostenstruktur.

- **zu A2: Lohngebundene Nebenkosten**

Neben den Sozialabgaben, die ein Arbeitnehmer im Rahmen seines Bruttolohnentgelts abzuführen hat, gibt es auch die gesetzlichen Sozialabgaben des Arbeitgebers, die in den sogenannten lohngebundenen Nebenkosten enthalten sind. Diese werden bei der Stundenverrechnungssatzermittlung dem Betriebsmittellohn aufgeschlagen.

Im Bauhandwerk sind zusätzlich zu den üblichen Sozialabgaben auch Sonderabgaben zu leisten, z. B. an die Zusatzversorgungskasse (ZVK) und die Urlaubskasse (ULAK). Dadurch liegt der Zuschlag auf den Betriebsmittellohn im Bauhandwerk bei ca. 97 %.

Rechenbeispiel

Lohnkostenzuschlagsatz: 97 %

(aus Betriebsmittellohn: 12,60 €) = **12,22 €**

(ZVK-/ULAK-/AG-Anteile Sozialabgaben)

Im Vergleich zu anderen Berufsgruppen hat das Bauhandwerk vergleichsweise hohe Lohnkostenzuschlagsätze. In anderen Bereichen des Handwerks liegen sie etwas niedriger (genaue Informationen erhalten Sie von Ihrem Steuerberater oder Ihrer Innung).

- **zu B: Gemeinkostenzuschlagsatz**

Die sogenannten Gemeinkosten teilen sich in drei Hauptgruppen auf, die in der Summe die gesamten Gemeinkosten darstellen.

1. Gehälter des „unproduktiven“ Personals
   Damit sind alle Gehälter der Mitarbeiter und Angestellten (AG- und AN-Anteil einschließlich Urlaubs- und Weihnachtsgeld) gemeint, die nicht direkt den Produkten oder Projekten zurechenbar sind. In der GmbH ist, im Unterschied zur Einzelfirma, auch die Unternehmerentlohnung in den Gemeinkosten enthalten.

2. Betriebskosten
   Hierzu zählen alle laufenden Kosten, die zum Betreiben des Unternehmens notwendig sind, z. B. Miete, Strom, Wasser, Kfz-Kosten, Porto, Büro- und Geschäftsausstattung u. v. m. Diese Kosten werden nach Ablauf jedes Geschäftsjahrs überprüft und unter Berücksichtigung von etwaigen Veränderungen für das kommende Geschäftsjahr angeglichen.

3. Sonstige Kosten
   In dieser Rubrik werden notwendige Kosten aufgeführt, die individuell und in außerordentlicher Höhe anfallen, etwa für Investitionen. Diese außergewöhnlichen Kosten können in einem Geschäftsjahr notwendig sein und im kommenden Jahr nicht mehr, z. B. für Weiterbildung, Projekte mit höheren Reisekosten, außerplanmäßige Anschaffungen u. v. m. Diese Positionen werden ebenfalls nach Ende des Geschäftsjahrs im Einzelnen überprüft, und es wird festgelegt, ob und in welcher Höhe für das kommende Jahr Finanzmittel für sie eingeplant werden sollen.

Rechenbeispiel Gemeinkosten Fa. Mustermann		
zu 1)	1,5 Personen „unproduktiv“/Jahr	108.000,- €
zu 2)	Betriebskosten/Jahr	84.000,- €
zu 3)	Sonstige Kosten/Jahr	36.000,- €
	Gemeinkosten gesamt/Jahr	**228.000,- €**

Ermittlung der Produktivstunden – Umlageschlüssel

Grundsätzlich werden alle Gemeinkosten auf die verkauften Arbeitsstunden und die damit verbundenen Materialien und Verbrauchsstoffe umgelegt. So lässt sich ermitteln, für wie viele Arbeitsstunden ein Mitarbeiter dem Unternehmen pro Jahr zur Verfügung steht und wie hoch davon der Anteil ist, der effektiv verkauft werden kann.

Seit Jahrzehnten ermitteln die Berufsverbände für jedes Kalenderjahr die Anzahl der Arbeits- und Feiertage und teilen ihren Unternehmen mit, wie hoch der mögliche Anteil an Arbeitstagen/-stunden je Mitarbeiter ist. Der durchschnittliche Urlaubsanspruch und mögliche Krankheitstage werden ebenfalls statistisch ermittelt und mit den gesetzlich bzw. tariflich vorgeschriebenen Arbeitszeiten in Übereinstimmung gebracht. Im Handwerk dienen in der Regel folgende Zahlen als Grundlage:

Ermittlung der tatsächlichen Arbeitstage	Beispiel
Kalendertage	365
Samstage	52
Sonntage	52
Gesetzliche Feiertage soweit nicht Sonntage oder Samstage	9[1]
Lohnausgleichszeitraum soweit nicht Sonntage oder Samstage	5[2]
Urlaubstage nach § 8 BRTV/Bayer. Urlaubsregelung	30
Tarifliche und gesetzliche Ausfalltage nach § 4 BRTV Betriebsverfassungsgesetz, sowie Unfallverhütungsvorschriften	0
Schlechtwetter-Ausfalltage	14[3,4]
davon durch Flexibilisierung abgedeckt	-4
verbleibende SW-Tage	10
SW-Tage mit Anspruch auf Umlagefinanzierung	9,3
SW-Tage mit Anspruch auf Winterausfallgeld	0,7
Ausfalltage außerhalb der Schlechtwetterzeit	0[4]
Ausfalltage wegen Kurzarbeit	0[5]
Krankheitstage: • mit Lohnfortzahlung • ohne Lohnfortzahlung	 8[6] 2[6]
Summe der Ausfalltage	**168**
Tatsächliche Arbeitstage	**197**

Erläuterungen zur Ermittlung der Arbeitstage:

1. Karfreitag; Ostermontag, 1. Mai, Christi Himmelfahrt, Pfingstmontag, Fronleichnam, Maria Himmelfahrt, 3. Oktober, Allerheiligen
2. Lohnausgleichzahlung: 24. bis 26. und 31. Dezember sowie 1. Januar
3. BRTV legt fest, dass die ersten 30 Schlechtwetterausfallstunden durch den Betrieb auszugleichen sind. In der vorliegenden Berechnung wurde angenommen, dass 30 Stunden = 4 Tage durch Vorarbeit abgegolten sind. Nach statistischen Berechnungen muss im Durchschnitt mit 14 Schlechtwettertagen gerechnet werden.
4. Anzahl der Schlechtwettertage regional unterschiedlich.
5. Eventuell wegen Kurzarbeit, firmenindividuell zu berücksichtigen.
6. Anzahl der Krankheitstage firmenindividuell unterschiedlich.

Ermittlung der Arbeitstage

Wie viele Mitarbeiter tatsächlich dem Unternehmen zur Verfügung stehen werden, inwieweit Überstunden, Wochenend- oder Schichtarbeit sowie krankheitsbedingte Ausfallzeiten diese Basiswerte beeinflussen, ist im Einzelfall zu prüfen und individuell dem jeweiligen Unternehmen anzupassen.

Arbeitsstundenwert

Der Arbeitsstundenwert errechnet sich aus der Anzahl der Arbeitstage, multipliziert mit der Anzahl der Arbeitsstunden pro Tag. Bei ca. 200 Arbeitstagen pro Jahr und acht Stunden pro Tag käme man pro Mitarbeiter auf ca. 1.600 Arbeitsstunden pro Jahr.

Achtung: Wenn der Arbeitsstundenwert pro Mitarbeiter zu hoch angesetzt ist, besteht die Gefahr, eine Fehlkalkulation durchzuführen. Das ist der Fall, wenn Sie bis zum Ende des Geschäftsjahres die Gesamtanzahl der prognostizierten Arbeitsstunden **nicht** (oder nicht zu den kalkulierten Preisen) verkaufen können. Die Folgen wären fatal: Die Gesamtkosten würden sich auf eine geringere Stundenzahl umlegen, und die Einzelkosten je Stunde würden proportional steigen. Der Verlust ist vorprogrammiert.

Es geht nicht nur darum, ob die Arbeitsstunden pro Mitarbeiter bei 1.600 Std. +/- 100 Std. jährlich liegen, sondern vor allem um eine möglichst **realistische** Prognose. Sie sollte - natürlich unter Einbeziehung der künftigen Arbeitslage und des Abgleichs mit den Arbeitsstunden aus dem Vorjahr - den gesamten Produktivstunden für das kommende Jahr so nahe wie möglich kommen.

Rechenbeispiel Produktivstunden Fa. Mustermann

6 Mitarbeiter „produktiv" à 1.650 Std./Jahr	=	9.900 Std.
Fremdleistung/Leiharbeiter	=	480 Std.
Produktivstunden gesamt	=	10.380 Std.

Gemeinkostenzuschlagsatz

$$\frac{\text{Gemeinkosten gesamt}^{3}\text{: 228.000,- €}}{\text{10.380 Std.}} = \text{21,96 €/Std.}$$

3 Berechnung der Gemeinkosten siehe Seite 39

- **zu C: Wagnis & Gewinn**

Der sogenannte „Wagniszuschlag“ war in den vom Bauboom gekennzeichneten Achtzigerjahren üblich. Ein gewisses unternehmerisches Risiko wurde von vornherein in die Kalkulation einbezogen. Damals waren die Lohnnebenkosten geringer und die Preise auskömmlicher. Aktuell ist der Wettbewerb härter denn je. Bereits die Selbstkosten für eine Handwerkerstunde sind dermaßen hoch, dass in den letzten zwanzig Jahren der Verzicht auf den Wagniszuschlag in der Kalkulation die Regel geworden ist.

Stattdessen ist man - zumindest im Handwerk - dazu übergegangen, das geschätzte Risikopotenzial über den Gewinnaufschlag mit abzudecken. Ob das vernünftig ist oder nicht, sei dahingestellt. Fakt ist, dass das unternehmerische Risiko - gegenläufig zur Gewinnentwicklung - überproportional gestiegen ist und wahrscheinlich noch weiter steigen wird.

Tatsache ist auch, dass viele Handwerksunternehmen durch die geringen Deckungsbeiträge und die im Verhältnis hohen Umsatzzahlen oftmals nicht die notwendige finanzielle Substanz haben, um Ausfälle oder Fehlkalkulationen durch entsprechende Wagniszuschläge zu kompensieren.

- **zu D: Stundenverrechnungssatz**

Der Stundenverrechnungssatz bildet die Grundlage der Basiskalkulation. Sämtliche Arbeiten und Dienstleistungen werden (über sogenannte Leistungsschlüssel) in Zeit gemessen und in Geld umgerechnet. Die Einheit ist in der Regel die Lohnminute. Errechnen wir nun aufgrund der bisher ermittelten Zahlen der Fa. Mustermann deren Stundenverrechnungssatz.

Rechenbeispiel Stundenverrechnungssatz/Basiskalkulation

Fa. Mustermann

A1)	Betriebsmittellohn	12,60 €
A2)	+ lohngebundene Nebenkosten	12,22 €
	= Lohnkosten gesamt	24,82 €
B)	+ Gemeinkostenzuschlagsatz	21,96 €
	= Selbstkosten	46,78 €
C)	+ Wagnis & Gewinn	0,00 €
D)	**= Stundenverrechnungssatz**	**46,78 €**

Sie wundern sich vielleicht, dass dieser Stundenverrechnungssatz die am Markt üblichen weit überschreitet. In dieser Berechnung sind ausnahmslos **alle** Gemeinkosten auf die Produktivstunden umgelegt. Im Folgenden werden wir über die Bestimmung von Kennzahlen entsprechende Plan- und Umsatzzahlen ermitteln, die später noch in die Planung einfließen.

4.2.2 Projektkalkulation: Preisbildung

Jedes Projekt basiert auf einer schriftlich fixierten Preisfestlegung für definierte Produkte oder (Dienst-)Leistungen. Hierbei unterscheidet man zwischen einem Angebot und einem Leistungsverzeichnis.

Angebot

Bei einem Angebot ist der **Anbieter** selbst der Verfasser. Er antwortet auf eine Kundenanfrage mit einer Beschreibung seiner Leistungen, die umfassend, konkret, detailliert und verständlich sein sollte. Der Anbieter gibt seine Einzelpreise und/oder den Gesamtpreis für die Ausführung bekannt.

Leistungsverzeichnis

In einem Leistungsverzeichnis fragt der **Kunde** konkret und schriftlich bestimmte Leistungen bei verschiedenen Anbietern ab. Leistungspositionen mit entsprechenden Mengenangaben werden aufgeführt, zu denen der Anbieter jeweils seine Einheitspreise einträgt und auf diese Weise sein Angebot abgibt.

Was ist ein Einheitspreis?

Im Rahmen eines Angebots oder Leistungsverzeichnisses werden verschiedene Waren und/oder Leistungen beschrieben, Mengen werden definiert und Preise den Einheiten (z. B. Stück/m/m^2/m^3) zugeordnet. Die Preisangabe je Einheit für eine Leistungsposition nennt man Einheitspreis. Die Einheiten der einzelnen Leistungspositionen werden mit den Einheitspreisen multipliziert. Aus der Summe aller Leistungspreise ergibt sich dann der Gesamtangebotspreis.

Welche Informationen sind zur Einheitspreisbildung notwendig?

Ausgangspunkt für die Einheitspreisermittlung ist die Produkt- bzw. Leistungsbeschreibung des Anbieters. Sie enthält alle Informationen, die für die Preisbildung ausschlaggebend sind. Diese Angaben sollten möglichst eindeutig und ausführlich sein, damit alle Anbieter gleichermaßen verstehen, was verlangt wird, und von identischen Voraussetzungen ausgehen können.

Häufig stellt sich in der Praxis das Problem, dass der Leser des Leistungsverzeichnisses nicht genau weiß, was der Verfasser mit bestimmten Punkten gemeint hat. Um seine Wettbewerbschancen nicht zu schwächen, hat der Anbieter die Möglichkeit, nur das anzubieten, was auch eindeutig beschrieben ist. Im Auftragsfall kann er entsprechende Nachträge dann noch nachfordern. Ob diese Vorgehensweise sinnvoll ist, ist im Einzelfall zu prüfen. Aber denken Sie immer daran: Preissicherheit und Ehrlichkeit sind wichtige Qualitätsmerkmale, die bei möglichen Weiterempfehlungen bzw. Wiederholungskunden eine wichtige Rolle spielen.

Auch ein offenes Kundengespräch kann dafür sorgen, dass Kunde und Anbieter die gleichen Vorstellungen haben, welcher Leistungsumfang tatsächlich gefordert bzw. gewollt ist.

Welche Materialien werden benötigt?

Zunächst muss geklärt sein, welche Materialien für die definierte Leistungsposition benötigt werden. Dann ermittelt man den Verbrauch des jeweiligen Materials, bezogen auf die entsprechende Einheit (z. B. pro m²). Nun werden die Einkaufspreise für die einzelnen Materialien mit den Verbrauchsmengen multipliziert und die Einzelergebnisse zusammengezählt. Diese ergeben dann die gesamten Materialkosten für den späteren Einheitspreis.

Beispiel

Material A	Verbrauch:	1,20 m²	à 5,50 €/m²	= 6,60 €/m²
Material B	Verbrauch:	0,80 m	à 2,85 €/m	= 2,28 €/m²
Material C	Verbrauch:	6,00 Stück	à 0,20 €/Stück	= 1,20 €/m²
Material D	Verbrauch:	0,20 l	à 8,50 €/l	= 1,70 €/m²
Gesamtmaterialkosten				**11,78 €/m²**

Wie wird die Arbeitsleistung ermittelt?

Das fertige Produkt und/oder die Leistung setzt sich in der Regel aus verschiedenen einzelnen Arbeitsschritten zusammen. Für die Kalkulation sollten die jeweiligen Tätigkeiten in Teilbereiche gegliedert und mit Zeiteinzelwerten belegt werden. Meist legt man bei der Leistungserfassung die Zeiteinzelwerte in Lohnminuten fest, die als Grundlage für die Zeitberechnung gelten. Bei manchen Leistungen sind auch Leistungen je Stunde oder Tag (z. B. acht Arbeitsstunden) sinnvoll und leichter nachzuvollziehen.

Beispiel	
Tätigkeit A	5 Min./m²
Tätigkeit B	8 Min./m²
Tätigkeit C	10 Min./m²
Tätigkeit D	12 Min./m²
Gesamtzeit	**35 Min./m²**

Welchen Kostenfaktor setze ich für die Lohnleistung an?

Auch wenn sich das erst einmal unlogisch anhören mag, müssen Sie zunächst den von Ihnen ermittelten Stundenverrechnungssatz für die Basiskalkulation zur Berechnung heranziehen. Warum unlogisch? Sie wissen ja, dass der am Markt übliche Stundenverrechnungssatz weitaus niedriger angesiedelt ist als der ermittelte Satz. Somit verschlechtern Sie bei Zugrundelegung des marktüblichen Stundenverrechnungssatzes erst einmal Ihre Wettbewerbsfähigkeit. Nur durch die Ermittlung Ihrer eigenen betrieblichen Preisgrundlagen können Sie Ihre Wettbewerbsfähigkeit objektiv beurteilen und entscheiden, mit welchen zusätzlichen Mitteln Sie Ihre Wettbewerbssituation verbessern.

Stundenverrechnungssatz Basiskalkulation
46,78 €/Std. : 60 Min. = **0,78 €/Min.**

Kalkulation: Einheitspreis

Kalkulieren bedeutet, den für die Herstellung der betrieblichen Leistung notwendigen Güterverbrauch vor, während und nach der Leistungserstellung – d. h. alle notwendigen Materialien und Arbeitszeiten – zu ermitteln, sie in Geld zu bewerten und daraus einen Preis zu bilden.

Beispiel

Material A	Verbrauch:	1,20 m²	à 5,50 €/m²	= 6,60 €/m²	
Material B	Verbrauch:	0,80 m	à 2,85 €/m	= 2,28 €/m²	
Material C	Verbrauch:	6,00 Stück	à 0,20 €/Stück	= 1,20 €/m²	
Material D	Verbrauch:	0,20 l	à 8,50 €/l	= 1,70 €/m²	
				11,78 €/m²	
Gesamtkosten **Material**					**11,78 €/m²**
Tätigkeit A		5 Min./m²			
Tätigkeit B		8 Min./m²			
Tätigkeit C		10 Min./m²			
Tätigkeit D		12 Min./m²			
		35 Min./m²	à 0,78 €/Min. =	27,30 €/m²	
Gesamtkosten **Lohnleistung**					**27,30 €/m²**
Selbstkosten **gesamt:**					**39,08 €/m²**
Aufschlag für **Wagnis und Gewinn** 20 %					**7,82 €/m²**
Einheitspreis					**46,90 €/m²**

Variationsmöglichkeiten für Gewinnaufschläge

Je nach Bedarf kann man die Aufschläge auf Lohnleistungen und Material gleich oder unterschiedlich festlegen. Vorausgesetzt, sie sind richtig ermittelt, sichern hohe Materialkosten eine stabile Rendite, da sie wie Handelswaren zu behandeln sind, die eingekauft und wieder verkauft werden. Die Lohnleistung ist weniger leicht zu ermitteln. Hier kommt der Faktor Mensch ins Spiel.

Die Höhe des Gewinnaufschlags hängt immer davon ab, wie Sie Ihre Wettbewerbschancen einschätzen. Auch wollen Sie einen gewissen Spielraum für Rabatte oder Nachlässe einkalkulieren, ohne unter Ihre Selbstkosten gehen zu müssen.

Es müssen nicht unbedingt alle Unwägbarkeiten, z. B. Komplikationen, die bei der alltäglichen Arbeit auftreten, in der Kalkulation berücksichtigt werden. Meine berufliche Praxis hat mir gezeigt, dass zu viele negative Information über mögliche Probleme eines Projekts meine Wettbewerbsfähigkeit schon in der Angebotsphase extrem geschmälert hat. Man sollte immer vorher prüfen, ob der Zeitaufwand für eine alle Unwägbarkeiten enthaltende Kalkulation tatsächlich die Chancen steigert, den Auftrag zu bekommen. Ansonsten arbeitet man nur für den Papierkorb.

Wie komme ich zu einem marktgerechten Einheitspreis?

Spätestens an diesem Punkt der Kalkulation verliert die Theorie ihre Gültigkeit, und die Realität zeigt uns, dass es mehrere Methoden zur Ermittlung eines marktüblichen Preises gibt. Welche Faktoren beeinflussen nun den Einheitspreis?

- **Faktor 1: Steigerung der Leistungseinheiten**

Dieser Faktor hat einen starken Einfluss auf das Preisniveau. Sie müssen sich darüber im Klaren sein, dass es sich bei der Festlegung der Leistung bzw. der Zeiteinzelwerte immer um einen Durchschnittswert handelt, in dem Erleichterungen ebenso wie Erschwernisse berücksichtigt sind. Es wäre gefährlich, von überdurchschnittlicher Leistungsfähigkeit einzelner Mitarbeiter auszugehen und diese als Leistungsgrundlage festzulegen. Bei Auftragsabschluss sind meist die bauseitigen Voraussetzungen noch nicht bekannt. Zudem ist unklar, ob zum Zeitpunkt der Ausführung ein besonders leistungsstarker Mitarbeiter überhaupt zur Verfügung steht.

- **Faktor 2: Lohnkostenniveaus senken**

Wer sich mit Kalkulation beschäftigt, kennt seine Basiskalkulation bzw. die Selbstkosten. Wenn allen Beteiligten bewusst wäre, dass alle den kalkulatorischen Lohn reduzierenden Maßnahmen, die zur Unterdeckung der Basiskalkulation führen, mit künftigen Zusatzmaßnahmen und Mehrverdienstmöglichkeiten kompensiert werden müssen, dann wäre das Preisniveau im Handwerk weitaus höher und damit für das Handwerksunternehmen auskömmlicher.

Mischkalkulation

In der sogenannten Mischkalkulation wird die eigene Leistung mit der Fremdlohnleistung vermischt. Beispiel: Eine Fremdlohnfirma stellt einen Mitarbeiter in Höhe von 24,- €/Std. zur Verfügung, der mit Ihrem Mitarbeiter zusammenarbeitet. Ihr Mitarbeiter verursacht in der Basiskalkulation 46,78 € an Kosten. Wenn nun beide Stundensätze addiert und durch zwei geteilt werden, ergibt sich ein neues Lohnmittel von 35,39 €.

Hinweis: Im Fremdlohn sind zunächst **keine** Gemeinkostenaufschläge berücksichtigt. Die Produktivität des Fremdlohnmitarbeiters fällt u. U. in der Ausführung niedriger aus. Das wäre hinsichtlich der Leistungsvorgaben und folglich auch der Kostenentwicklung kontraproduktiv. Im Hinblick auf das Erreichen des Jahresziels hat die kontinuierliche Kapazitätsauslastung Ihrer eigenen Mitarbeiter einen höheren Stellenwert als die Beschäftigung von Fremdarbeitern. Es ist immer individuell zu prüfen, ob solche Mischkalkulationen Ihr Unternehmen dem Jahresendziel wirklich näher bringen oder ob es sich nur um „Beschäftigungstherapie“ handelt.

Fremdleistung

Selbstverständlich hat jedes Unternehmen die Möglichkeit, Leistungen an Fremdfirmen zu vergeben. Wenn die Fremdfirma Ihrer Wahl auf einem deutlich niedrigeren Lohn- oder Preisniveau kalkuliert, können Sie mit einem Umlageschlüssel (in der Regel gleicher Aufschlag wie Materialkosten) diese Leistung anbieten. Es gilt derselbe Hinweis wie bei der Mischkalkulation.

- **Faktor 3: Abschläge auf Grundkosten**

In unserer Beispielkalkulation sind im Basiskalkulationssatz auch Kosten enthalten, die dem Projekt nur indirekt zugeordnet werden können (siehe „Gemeinkosten", Seite 38). Falls die Projektarbeiten in unmittelbarer Nähe stattfinden oder überwiegend Personal mit niedrigem Lohnniveau zum Einsatz kommt, könnte dies durch geringe Abschläge im Lohnfaktor (wahlweise auch durch einen geringeren Gewinnaufschlag) berücksichtigt werden. Bei Projekten über einen längeren Zeitraum wird dieser positive Kostenersparniseffekt natürlich verstärkt.

- **Faktor 4: Abschläge auf Materialkosten**

Durch die Abnahme von größeren Mengen kann ein besserer Einkaufspreis erzielt werden. Dieser kann sich unmittelbar in der Preisgestaltung niederschlagen. Hinzu kommt, dass die Logistik bei größeren Projekten eine wichtigere Rolle spielt und durch eine intelligente Materialverteilung und den Einsatz entsprechender Hebe- und Transportmittel zusätzliche Einsparungen möglich werden.

Speziell bei Produkten im oberen Preissegment lohnt es sich immer, zu verhandeln und zu vergleichen. Jeder eingesparte Euro bedeutet Gewinn. Achten Sie aber darauf, dass die Serviceleistung Ihrer Handelspartner stimmt. Ein guter Preis hilft Ihnen nichts, wenn Ihre Mitarbeiter auf die benötigten Materialien warten müssen. Lohnkosten, die nicht für Materialbeschaffung oder unnötige Transporte ausgegeben werden, sind weitaus gewinnbringender als zwei Prozentpunkte auf Materialien, die verspätet geliefert oder durch eigenes Personal beschafft werden müssen.

Annahmen zwischen Wunsch und Wirklichkeit

Die in der Kalkulation fixierten Zeiteinzelwerte bilden die Grundlage für den späteren Zeitaufwand, der benötigt werden darf, um die beauftragten Leistungen zu erbringen. Im Prinzip kann bei Auftragserteilung (unter Berücksichtigung der einzelnen Mengen- und Leistungsangaben) schon vorab prognostiziert werden, wie hoch der Zeitaufwand sein darf, um noch wirtschaftlich zu sein. Wenn sich die äußeren Umstände negativ verändern und/ oder höhere Löhne anfallen bzw. der Verbrauch des Materials steigt, werden Sie nicht nur kein Geld verdienen, sondern sogar Verluste erleiden.

Einschätzung des Risikos

Je genauer man die Aufgaben und Rahmenbedingungen eines Projekts kennt, desto leichter lassen sich alle Einflussfaktoren in der Preiskalkulation berücksichtigen. Hingegen ist eine fundierte Analyse bei Leistungsverzeichnissen schwierig. Oftmals steht noch gar nicht fest, ob ein Projekt stattfindet und wer sich daran beteiligt. Die Rahmenbedingungen sind meist dürftig beschrieben und enthalten alle möglichen Eventualitäten, die den Bauherrn vor Mehrkosten schützen sollen (wenngleich viele davon in der Praxis gar nicht rechtswirksam, sondern im Einzelfall zu prüfen sind). Ist darüber hinaus noch die Beschreibung der Leistungen lücken- oder fehlerhaft, ist ein fairer Preisvergleich kaum möglich.

Der richtige Preis

Es liegt allein in der Verantwortung des Unternehmers, die Chancen und Risiken der Preisbildung richtig einzuschätzen und zu bewerten. Damit ein Projekt von Beginn bis zur Fertigstellung gewinnbringend verläuft, sind Erfahrung, Weitblick und Besonnenheit notwendig, mit denen das Projekt von der Kalkulation bis zur Abrechnung und Nachkalkulation ausgewertet wird. Nur die sorgfältige Analyse deckt Fehler auf.

Auf einen Blick: Projektkalkulation

- Bleiben Sie bei der Bewertung der Arbeitsleistung realistisch.
- Der Wert Ihrer Basiskalkulation bildet die Grundlage jeder Projektkalkulation.
- Legen Sie Ihre Kalkulationsstrategie nach objektiven Gesichtspunkten fest.
- Jedes Projekt/Angebot ist individuell zu prüfen und zu bewerten.
- Bewerten Sie Ihre Chancen und Risiken für das jeweilige Projekt.
- Der Zeitpunkt der Ausführung muss zu Ihrer Planung passen.

Botschaft: Finden Sie die Projekte und Kunden, die zu Ihnen passen, und kalkulieren Sie dafür Ihren besten Preis!

4.2.3 Kennzahlenermittlung

Was sind Kennzahlen und wofür brauchen wir sie? Ihr Wert liegt vor allem darin, dass es sich um Verhältniszahlen handelt, die statistische Aussagen zulassen. Kennzahlen sollten leicht zu ermitteln und zu überblicken sein.

Kennzahlenermittlung: Schnell, einfach und nachprüfbar

Die üblicherweise im Finanzwesen und in der Bilanz ermittelten Kennzahlen sind meiner Erfahrung nach auf die Praxis in Handwerksbetrieben nur schwer anwendbar: Häufig erfordern sie komplizierte Berechnungen, oder sie sind unübersichtlich. Stattdessen möchte ich Ihnen hier einfache Berechnungsansätze vorstellen, mit denen Sie diverse Kennzahlen schnell ermitteln. Sie sind zudem aussagekräftig und jederzeit überprüfbar. Mit diesen Kennzahlen sind Sie in der Lage, die betriebswirtschaftliche Situation Ihres Unternehmens jederzeit und ohne großen Aufwand kontrollieren zu können.

Kennzahlen zum Selbstkostenumsatz

Die Kennzahlen zum Selbstkostenumsatz sind als Barometer für Kostenschätzungen und schnelle Grobkontrollen zu werten.

Rechenbeispiel

Umsatz/Std.	46,78 €
+ Materialanteil ca. 35 %	16,37 €
Umsatz/Std. inkl. Material	63,15 €

Ausgehend von dieser Kennzahl zum Umsatz pro Stunde lassen sich weitere Kennzahlen ermitteln:

- **Mann/Tag** (63,15 €/Std. x 7,8 Std.) = ca. 495,- €
- **Mann/Monat** (495,- €/Tag x 21 Tage) = ca. 10.400,- €
- **Mann/Jahr** (10.400,- €/Mon. x 10 Mon.) = ca. 104.000,- €
- **Unternehmen/Jahr** (104.000,- € x 6 Monteure)= ca. 624.000,- €

Anmerkung: Auch wenn in jedem Unternehmen eigene Regeln gelten, sollten Sie sich bei der Basiskalkulation immer an den gesetzlichen und tariflichen Arbeitszeiten orientieren, die auch den o. g. Faktoren (7,8 Std., 21 Tage, 10 Monate) zugrunde liegen. Reserven für Ausfallzeiten wegen Krankheit und Urlaub sind ebenfalls zu berücksichtigen. Die Effektivität lässt sich durch Überstunden und Wochenendarbeit steigern, falls dies aus betrieblichen Gründen notwendig ist.

Zudem sollte man die Vielzahl an Faktoren im Blick behalten, welche die kontinuierliche Arbeit in einem Unternehmen stören können. Umgekehrt sollte man Mitarbeiter belohnen, die in einem Jahr nie krank waren. Sie stützen das System und steigern die Produktivität.

Kennzahlen zur Jahresumsatzplanung

Die Kennzahlen zum geplanten Jahresumsatz helfen, Umsatzzahlen optimal zu steuern. Nach einem Abgleich zwischen der Basiskalkulation und den Marktpreisen kann die Unternehmensplanung mit gezielten strategischen Maßnahmen auf ein sicheres Fundament gestellt werden.

Negativfaktor gegenüber Wettbewerb/Std.	
Basiskalkulation: Stundenverrechnungssatz:	46,78 €/Std.
am Markt üblicher Stundenverrechnungssatz:	37,50 €/Std.
Differenz zu den internen Selbstkosten	9,28 €/Std.
Negativfaktor gegenüber Wettbewerb/Jahr	
9,28 €/Std. x 10.380 Std. (produktiv)	= ca. 96.400,- €

Anmerkung: Bei diesem Betrag handelt es sich um eine vorab theoretisch ermittelte Unterdeckung. Es ist festzuhalten, dass hinsichtlich der allgemeinen Wettbewerbssituation eine betriebsinterne Unterdeckung vorliegt, die mit anderen oder zusätzlichen Maßnahmen kompensiert werden kann oder muss. Erst nach dieser Kompensation ist mit einem Unternehmensgewinn zu rechnen.

Der Negativfaktor gegenüber dem marktüblichen Stundenverrechnungssatz ist kein Einzelfall, sondern die Regel. Je nach Unternehmen und Kostenstruktur fällt der Faktor unterschiedlich hoch aus.

Im folgenden Abschnitt werden die hier erarbeiteten Kennzahlen auf eine Jahresumsatzplanung angewandt, um zu überprüfen, inwieweit sich der Negativfaktor gegenüber dem Wettbewerb reduziert bzw. aufhebt.

Jahresumsatzplanung (für die Kalkulation)

Würde ein Unternehmen mit dem internen Stundenverrechnungssatz kalkulieren, wie er in den vorangegangenen Ausführungen beispielhaft ermittelt wurde, käme vermutlich kein einziger Auftrag zustande. Also muss man sich zunächst einen Überblick über die Struktur der geplanten Umsätze verschaffen und die Gewinnchancen in den einzelnen Bereichen prognostizieren.

Kennzahlen zur Wettbewerbssituation

Kennzahlen zur Umsatzplanung: Ausgangs- bzw. Wettbewerbssituation	
Lohnkosten:	
Produktivstunden x Regiestunde Markt	
(10.380 Std. x 37,50 €)	= 389.250,- €
+ Gewinnaufschlag Material	
(20 % aus ca. 170.000,- €)	= 34.000,- €
Materialeinsatz:	
Selbstkosten Materialanteil x Produktivstunden	
(16,37 € x 10.380 Std.)	= 169.920,- €
+ Gewinnaufschlag Fremdleistung	
(20 % aus ca. 50.000,- €)	= 10.000,-€
Fremdleistung:	
Zusätzliche Leistungen durch andere Gewerke	= 50.000,- €
Umsatzplanung gesamt	**= 653.170,-€**

Anmerkung: In dieser Berechnung wurden Gewinnaufschläge für Material und Fremdleistungen berücksichtigt. Der im letzten Abschnitt ermittelte Negativfaktor von 96.400,- € wurde hier also durch den Gewinnaufschlag von Material in Höhe von 34.000,- € und Fremdleistung in Höhe von 10.000,- € zu einem Teil bereits kompensiert.

Defizitberechnung nach Bereinigung durch Gewinnaufschlag

Negativfaktor gegenüber Wettbewerb	96.400,- €
abzüglich Gewinnanteil: Material:	34.000,- €
abzüglich Gewinnanteil: Fremdleistung:	10.000,- €
restliches Defizit gegenüber Planung	**52.400,- €**

Restliches Defizit gegenüber Planung

Die bisher ermittelten Kennzahlen geben Aufschluss über Kostenstruktur sowie Leistungs- und Wettbewerbsfähigkeit. Erst wenn Sie den am Markt üblichen Stundenverrechnungssatz mit Ihrer Basiskalkulation abgleichen, sind Sie in der Lage zu beurteilen, mit welchen Maßnahmen sich das Defizit kompensieren lässt. Nun können Sie detaillierte strategische Überlegungen anstellen, um die Kalkulation auf eine tragfähige Basis zu stellen.

Strategische Änderungen der Kalkulationsgrundlagen

Die Basiskalkulation wird maßgeblich durch vier Faktoren beeinflusst, an denen Sie - wie an Schrauben - „drehen" können. Je nachdem, an welchen Faktoren Sie eine Feinjustierung vornehmen, ist die Veränderung entweder **unmittelbar,** d. h. kurzfristig wirksam, oder sie führt **langfristig** zu einer besseren Wettbewerbsfähigkeit. Zu den kurzfristig wirksamen Faktoren zählen das Umsatzvolumen und die Produktivstunden, während die langfristig wirksamen Faktoren die Gemeinkosten und den Betriebsmittellohn betreffen.

Kurzfristige Einflussfaktoren

- **Umsatzvolumen erhöhen**

  Sofern die entsprechende Nachfrage vorhanden ist, kann der Unternehmer jederzeit beschließen, sein Umsatzvolumen zu erhöhen. Steigt die Nachfrage, verbessert sich auch die Chance, das eigene Preisniveau zu erhöhen. Das bedeutet: Man kann (mit dem entsprechenden Verkaufsgeschick) einen höheren Umsatz bei gleicher Produktivität erzielen.

  Möglich ist auch, einen Mehrumsatz über Fremdleistung bzw. Fremdlohn zu generieren. Solche Entscheidungen können sofort und ohne Vorlauf Wirkung zeigen. Dabei gibt es verschiedene Vorgehensmöglichkeiten. Man kann z. B.

  - neue Marktsegmente erschließen bzw. Nischenprodukte entwickeln,
  - Nachunternehmer/ARGE/Fremdleistungen einbeziehen,
  - Halb-Fertigprodukte umsetzen oder
  - mehrere bzw. alle Punkte gleichzeitig realisieren.

- **Produktivstunden erhöhen**

  Jedes Unternehmen ist bestrebt, seine Ressourcen voll auszunutzen, d. h. in Spitzenzeiten seine Mitarbeiter zu längerer Arbeit, evtl. auch am

Wochenende, zu motivieren. Diese Maßnahme erfordert ebenfalls keinen Vorlauf und ist sofort wirksam. Auch in diesem Zusammenhang gibt es verschiedene Möglichkeiten, z. B.

- die Anzahl der Mitarbeiter (mit niedrigem Lohnniveau) steigern,
- Nachwuchs ausbilden,
- befristete Arbeitsverträge bzw. Werksverträge für günstige Saisonarbeiter anbieten oder
- hoch bezahlte Mitarbeiter auf ihre Werthaltigkeit für das Unternehmen überprüfen.

Langfristige Einflussfaktoren

- **Gemeinkosten**

  Die Gemeinkosten sind bei genauer Betrachtung in fast allen Positionen an langfristige Verpflichtungen geknüpft. Dazu gehören z. B. Arbeits-, Miet- oder Leasingverträge, Energiekosten (nur geringfügig beeinflussbar) oder die sonstigen Kosten, die oft nicht planbar sind, aber immer beobachtet werden sollten.

  Veränderungen oder Einsparungen in diesem Bereich sind daher nur langfristig möglich. Einmal im Jahr sollten alle Beteiligten möglichst kontrovers diskutieren, mit welchen Maßnahmen sich Einsparpotenzial entwickeln lässt. Jeder Euro, der bei den Gemeinkosten gespart wird, muss auch nicht verdient werden.

  Doch darf man Sparen und Einsparen nicht verwechseln: Manchmal hat eine Einsparung beim Lohn Einbußen in der Produktivität zur Folge. Es gilt also immer vorher zu prüfen, welche Sparmaßnahmen wirklich sinnvoll sind.

- **Betriebsmittellohn**

  Den Betriebsmittellohn kann man senken, indem man die Anzahl der Mitarbeiter im Niedriglohnniveau erhöht. An erster Stelle steht hier die Lehrlingsausbildung, die langfristig die Altersstruktur im Unternehmen auf natürliche Weise reguliert, sofern die Auszubildenden dem Unternehmen nach Beendigung ihrer Ausbildung erhalten bleiben.

  Arbeits- und Leistungsanspruch im Unternehmen hängen unmittelbar von der Personalstruktur ab: Mit überwiegend Neueinsteigern und angelernten Arbeitskräften kann man weniger hochqualifizierte Arbeiten ausführen als mit entsprechend qualifizierten.

  Langjährige Mitarbeiter sollten von Zeit zu Zeit hinsichtlich ihrer Effektivität und Leistungsbereitschaft genau beobachtet werden. Es kommt nicht selten vor, dass ein Mitarbeiter mit langjähriger Betriebszugehörigkeit die Arbeitsmoral der jüngeren Mitarbeiter (im Sinne von Betriebszugehörigkeit) so energisch stört, dass das Betriebsklima und damit die Leistungsbereitschaft insgesamt leiden. Unternehmer sehen oft aus Kostengründen oder aus der Scheu von Konflikten darüber hinweg. Mein Rat: Prüfen Sie ernsthaft, ob es nicht besser ist, einen permanenten „Störenfried" abzufinden. Das ist in der Regel zwar mit hohen Kosten verbunden, damit gehen aber nicht selten ein besseres Betriebsklima und eine gesteigerte Arbeitsmoral unter den übrigen Mitarbeitern einher.

Auch befristete Arbeitsverträge sind eine interessante Option. Saisonbedingt können zusätzliche Mitarbeiter eingestellt werden, die im Regelfall für das Unternehmen günstiger sind als Zeit- und Leiharbeitsfirmen. Sie haben keinen besonderen Kündigungsschutz und können jederzeit ausgestellt werden.

Lösungsansätze sind immer individuell

Mit welchen der hier vorgestellten Faktoren die Unternehmensplanung optimiert werden kann, muss jeder Unternehmer entsprechend der individuellen Voraussetzungen seines Unternehmens selbst entscheiden. Eine allgemeingültige Lösung gibt es nicht. Trotzdem zeigt das Beispiel der Fa. Mustermann, dass die Kennzahlen im Großen und Ganzen anwendbar sind. Verinnerlichen wir uns nochmals die Ausgangsdaten: Das Unternehmen hatte in der Vergangenheit einen Jahresumsatz inkl. Fremdleistungen in Höhe von 710.000,- €. Wenn wir von einem ausgeglichenen Betriebsergebnis im letzten Jahr ausgehen, würden sich die von uns ermittelten Kennzahlen wie folgt darstellen:

Umsatzplanung/ Ausgangs- bzw. Wettbewerbssituation gesamt	=	653.170,- €
Restliches Defizit gegenüber Planung	=	52.400,- €
Notwendiger Gesamtumsatz	=	705.570,- €

Schlussfolgerung

Die hier vorgestellte Kennzahlenermittlung (705.570,- €) führt zu realistischen Zahlen. Der Vergleich mit dem tatsächlichen Betriebsergebnis (ca. 710.000,- €) zeigt, dass diese Methode der Kennzahlenfindung der Realitätsprobe standhält. Das bedeutet: Die ermittelten Kennzahlen helfen dem Unternehmer im laufenden Betrieb, seinen aktuellen Stand zu überprüfen.

Darüber hinaus sollte der Unternehmer sein Produkt- und Leistungsportfolio grundsätzlich von Zeit zu Zeit auf den Prüfstand stellen. Er sollte immer auf der Suche sein, ob sich neue vielversprechende Betätigungsfelder anbieten.

Praxistipp

Bewerten Sie Ihre Chancen und Risiken immer mit Sachverstand und ohne Emotionen, bevor Sie eine Entscheidung über die Basis Ihrer Preisgestaltung treffen!

4.3 Grundsätzliche Kalkulationsstrategien

Betrachtet man die Strategien erfolgreicher mittelständischer Handwerksbetriebe, so stellt man fest, dass sie vielschichtig, variabel, umsatzstark, überregional tätig, flexibel in der Abwicklung und extrem flexibel in der Preisgestaltung sind. Können kleinere und mittlere Unternehmen, die ja über eine ungleich einfachere Infrastruktur verfügen, überhaupt mit den „Großen" mithalten? Ich behaupte, das ist mit entsprechenden Strategien aufgrund kürzerer Entscheidungswege und größerer Flexibilität durchaus möglich. Hierzu gehören z. B.:

- **Übergenerierung von Aufträgen:** Man beschafft mehr Aufträge, als man selbst ausführen kann. Die werthaltigen Aufträge werden mit eigenem Personal abgewickelt, die weniger rentablen an **Subunternehmer** vergeben.
- **Pflege von Groß- und Stammkunden:** Es handelt sich um Kunden, die einen dauerhaften Bedarf haben und deshalb Wiederholungsaufträge garantieren, was den Beschaffungsaufwand reduziert. Wenn man weiß, in welchem Umfang ein Kunde jährlich Aufträge erteilt, braucht man sich für diesen Zeitraum nicht mehr um weitere Zusatzaufträge zu kümmern. Man sollte sich in dem von diesem Kunden benötigten Bereich eine gefestigte Position sichern und pflegen.
- **Objektgeschäft (Einzelaufträge mit großem Umsatzvolumen):** Großaufträge führen zu Privilegien und einer gewissen Exponiertheit. Sie erfordern eine größere Finanzkraft und Leistungsfähigkeit: Für die Abwicklung von Großprojekten muss man z. B. aufgrund des erhöhten Vorfinanzierungsaufwands über entsprechende finanzielle Mittel und über eine angemessene Infrastruktur verfügen.
- **Vielschichtigkeit:** Durch die Bedienung vieler verschiedener Segmente und unterschiedlicher Kunden können saisonale Schwankungen leichter ausgeglichen werden.

Aus kaufmännischer Sicht lassen sich diese Strategien folgendermaßen bewerten:

Kontinuität	Durch Übergenerierung von Aufträgen kann das eigene Personal durchgängig beschäftigt werden.
Fremdleistung	Die Vergabe von Nachunternehmerleistungen mit Gewinn deckt die Gemeinkosten zusätzlich.
Kundenstruktur	Bei exponierten und besonders schwierigen Großprojekten ist das Preisniveau höher/besser.
Finanzstärke	Zusätzliche Renditen können erwirtschaftet werden durch • gute Zahlungsmoral (Skontierung) • bessere Konditionen bei der Materialbeschaffung (Bonusvereinbarungen/Sonderkonditionen)
Gestaltung	Rechtliche und kaufmännische Konstruktionen gewährleisten die Rendite. • Werksverträge mit Auslandsfirmen (Kontingente) sowie mit inländischen Nachunternehmern • Forderungsmanagement/eigener Rechtsbeistand • eigene Controller

Vorteile kleinerer und mittlerer Unternehmen

Als kleines oder mittleres Unternehmen (KMU) kann man in einigen Bereichen mit Großbetrieben nicht mithalten. Aber es gibt auch Vorteile, die man bei der Auftragsbeschaffung gezielt ausspielen kann.

- Die **Reaktionszeiten sind kürzer,** was das Erstellen von Angeboten oder die Problembewältigung betrifft.
- In der **Abwicklung** sind KMU **flexibler.** Sie haben keinen großen Überbau. Niedrige Fixkosten erlauben oft eine **kostengünstigere Kalkulation.**
- Interne **Organisationsprobleme** können **schneller gelöst** und auf Kunden kann individueller eingegangen werden.

Was Großbetriebe können, das können prinzipiell KMU auch - vorausgesetzt, sie kennen aufgrund sorgfältiger Umsatzplanung die Risiken.

Voraussetzungen für eine erfolgreiche Kalkulationsstrategie

- Eine umsetzbare, sorgfältige Planung.
- Ein stimmiges Produkt- und Leistungsportfolie.
- Externe Strukturverbesserung durch Aufbau von Netzwerken (geeignete Nachunternehmer in verschiedenen Bereichen).
- Qualifizierte Mitarbeiter im Büro.
- Gute Controlling-Instrumente im Hinblick auf die Kalkulation.

4.4 Bewertung der Projektkalkulation

Der Unternehmer muss in seiner täglichen Arbeit entscheiden, um welche Aufträge er sich bemüht und zu welchem Angebotspreis. Die Entscheidung, zu welchem Preis er ein Angebot macht, hängt stark davon ab, ob der Auftrag eher im Hinblick auf das einzelne Objekt oder auf das Erreichen der notwendigen Mindestumsatzzahlen kalkuliert wird.

Objektbewertung

Bei einer Objektbewertung sind u. a. folgende Kriterien zu klären:

- Welcher Preis wird erzielt beziehungsweise wie werthaltig ist ein Einheitspreis im Einzelfall?
- Wie viele Produktivstunden werden benötigt? In welchem prozentualen Verhältnis stehen sie zum Materialanteil?
- Für welche Arbeit darf man wie lange brauchen? (Überprüfung der Zeiteinzelwerte im Verhältnis zur Kalkulation: Diese müssen realistisch und plausibel sein.)
- Wie weit liegt die Baustelle entfernt? Welche Fahrzeiten und -kosten entstehen? Handelt es sich um eine komplizierte oder einfache Baustelle? Erfordert sie hoch qualifiziertes Personal? (Bewertung objektspezifischer Kriterien)
- Welche Anforderungen stellt das Projekt an den Unternehmer? (Projektorganisation)
- Wie hoch ist der Anteil beziehungsweise Aufwand der Gemeinkostenträger?

Was den letzten Punkt betrifft, besteht in Ausnahmefällen die Möglichkeit, ein schlecht bezahltes Projekt ausnahmsweise ohne oder nur mit geringem Gemeinkostenaufschlag zu kalkulieren, es intern also wie eine Subunternehmerkalkulation zu behandeln. Folgt auf das schlecht bezahlte Projekt ein besser bezahltes, tauscht man es gegen ein Subunternehmerprojekt aus. Konkret: Einen Auftrag für 30,- €/Std. erledigt das eigene Unternehmen, während bei einem späteren Projekt mit 60,- €/Std. ein Subunternehmer beauftragt wird. Ein solches internes Tauschverfahren ist immer risikobehaftet und sollte die Ausnahme bleiben. Vergibt man zu häufig an Nachunternehmer, kann das der Kunde mitunter daran erkennen, dass die Qualität nicht den Vereinbarungen entspricht oder seine Erwartungen nicht erfüllt wurden. Denn Qualität ist ein personen- oder unternehmensgebundenes Merkmal und das wichtigste Gut des Unternehmers.

Umsatzbewertung

Verbreiteter ist die Umsatzbewertung, die sich an folgenden Kriterien orientiert:

- Sind die entsprechend dem Umsatzplan ermittelten Ziele erfüllt (Monats-/Quartals-/Jahresumsatzziele)?
- In welchem Zeitraum wird ein Auftrag abgewickelt?
  Der Zeitfaktor entscheidet häufig über Gewinn oder Verlust: Lässt sich in kurzer Bauzeit eine große Menge produzieren, kann man den Stück-Einzelpreis vorübergehend gefahrlos senken. Die Zeit spricht auch dann für den Unternehmer, wenn die sogenannte Fixkostendegression (siehe Seite 62) erreicht ist. Hingegen arbeitet sie gegen den Unternehmer, wenn er über zu wenige oder schlecht bezahlte Aufträge verfügt, die sich nicht kurzfristig erfüllen lassen.
- Wie ist das Verhältnis von Produktiv- zu Unproduktivstunden?
  Droht dieses Verhältnis ungünstig zu werden, kann man im Bereich der Stundenkosten Gegenmaßnahmen ergreifen, z. B. in eine kurzfristig zu erledigende Baustelle mehr Arbeitsstunden investieren, die im Einzelnen niedriger bezahlt werden, sodass im Endeffekt kein Untersoll entsteht.

Das Problem von saisonalen Schwankungen umgehen

Saisonale Schwankungen sind aus unternehmerischer Sicht das größte Problem im Handwerk. Während z. B. in der Lebensmittelbranche kontinuierlich verkauft wird, gibt es im Handwerk bessere und schlechtere Zeiten. Deswegen muss der Schnitt stimmen. Je größer die Amplituden nach unten ausschlagen (in Monaten, in denen nichts verkauft wird), desto höher müssen sie auch nach oben sein: Es muss ebenso Zeiten geben, in denen eine überdurchschnittliche Rendite erzielt wird.

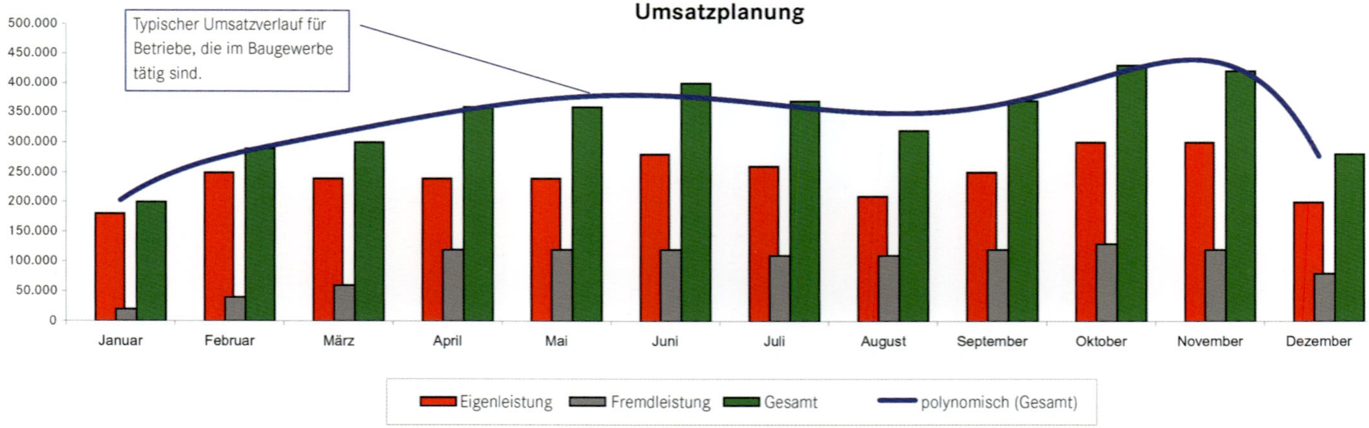

	Januar	Februar	März	April	Mai	Juni	Juli	August	September	Oktober	November	Dezember	Gesamt
Eigenleistung	180.000 €	250.000 €	240.000 €	240.000 €	240.000 €	280.000 €	260.000 €	210.000 €	250.000 €	300.000 €	300.000 €	200.000 €	2.950.000 €
Fremdleistung	20.000 €	40.000 €	60.000 €	120.000 €	120.000 €	120.000 €	110.000 €	110.000 €	120.000 €	130.000 €	120.000 €	80.000 €	1.150.000 €
Gesamt	200.000 €	290.000 €	300.000 €	360.000 €	360.000 €	400.000 €	370.000 €	320.000 €	370.000 €	430.000 €	420.000 €	280.000 €	4.100.000 €
produktive Stunden	1.360 Std.	1.920 Std.	1.840 Std.	1.840 Std.	1.840 Std.	2.160 Std.	2.080 Std.	1.560 Std.	1.900 Std.	2.300 Std.	2.200 Std.	1.500 Std.	22.500 Std.

Wichtiger Indikator für die Kapazitätsplanung

Das Geschäftsjahr

Jeder Betrieb wird sowohl im Innen- wie im Außenverhältnis an seinem Ergebnis gemessen. Dieses bezieht sich immer auf ein Geschäftsjahr, egal, ab welchem Stichtag man rechnet. Alle Entscheidungen und Aufträge, die in diesen 52 Wochen eine Rolle spielen, wirken sich auf den Umsatz und das Betriebsergebnis aus.

4.5 Das Problem, werthaltige Aufträge zu erkennen

Die Schwierigkeit der Umsatzplanung liegt für Unternehmer darin, in der täglichen Arbeit zu erkennen, **welche Aufträge werthaltig sind.** Die Aufträge unterscheiden sich alle in Laufzeiten und Preisen. Sie müssen also jedes Mal entscheiden, ob Sie einen Auftrag annehmen und damit eine bestimmte Zahl an Arbeitsstunden binden, die damit eventuell nicht mehr für interessantere Aufträge zur Verfügung stehen. Wenn Sie andererseits einen weniger rentablen Auftrag in Erwartung eines besseren ablehnen, kann es auch sein, dass der rentablere Auftrag ausbleibt. Die täglich zu treffende Entscheidung über Auftragsannahme oder -absage setzt den Unternehmer unter hohen Druck. Wachsende Erfahrung hilft, diesen Druck abzumildern.

Angebote zu jedem Preis?

Ihre Kalkulation hilft Ihnen zu beurteilen, ob ein Angebot sinnvoll ist. Bevor Sie einen knapp kalkulierten Auftrag annehmen, sollten Sie mögliche „Unfälle" (z. B. Ausfall besonders tüchtiger Mitarbeiter, Maschinenschaden), die zu einem unvorhergesehenen Minus führen könnten, ins Kalkül einbeziehen. Wer behauptet, im Notfall einfach mehr zu arbeiten, macht sich häufig etwas vor: Ein Arbeitseinsatz von 120 % (z. B. durch zusätzliche Wochenendarbeit des Unternehmers und evtl. auch seiner Familie) für 80 % des Geldes ist eine schlechte Lösung, die gleichzeitig Wachstum ausschließt und den eigenen Verschleiß vorprogrammiert. Auch die Zeit des Unternehmers muss nach betriebswirtschaftlichen Gesichtspunkten berücksichtigt werden. Gerade Handwerksunternehmer sollten mit ihrer Zeit optimal haushalten und durch gutes Zeitmanagement unnötige Störfaktoren, Stress und Zeitnot vermeiden. Sie brauchen Freiräume für ihre Kreativität, die zur erfolgreichen Führung eines Handwerksbetriebes unerlässlich ist.

Eine schlecht kalkulierte Baustelle erfordert zudem viel Präsenz und hohen Koordinationsaufwand durch den Unternehmer. Diese Zeit fehlt ihm mitunter dann für die Beschaffung neuer werthaltiger Aufträge.

Beispiel für eine leichtfertige Auftragsannahme

Hat ein Unternehmer zu wenig Zeit für sorgfältige Planung und Kalkulation, kann es zu Fehlern kommen. Hierzu ein Beispiel: Der Unternehmer nimmt im November einen schlecht bezahlten Auftrag für den saisonal normalerweise schwachen Zeitraum Februar bis Mai an. Verzögern sich die Arbeiten dann aber aufgrund von Problemen und/oder Verzögerungen auf der Baustelle, sind die Firmenkapazitäten mit schlechtem Verdienst in einer Zeit gebunden, in der normalerweise sehr viel gewinnträchtigere Aufträge auszuführen wären.

Die Auftragsstruktur muss regelmäßig - monatlich oder vierteljährlich - daraufhin überprüft werden, ob sie mit dem Umsatzplan übereinstimmt. Ohne diese Kontrolle läuft man Gefahr, am Ende des Jahres rote Zahlen zu schreiben. Wenn man beispielsweise zu Beginn des Jahres wahllos schlecht bezahlte Aufträge annimmt, nur um überhaupt im Geschäft zu sein, kann es passieren, dass man im letzten Quartal feststellt, den geplanten Umsatz bis zum Jahresende nicht erreichen zu können. Den Verlust nimmt man dann zwangsläufig mit ins neue Jahr. Wenn sich dann aber auch keine grundsätzliche Besserung der Situation abzeichnet, steigt die Gefahr, dass finanziellen Verpflichtungen nicht mehr nachgekommen werden kann. Die zusätzliche Belastung durch Verluste des Vorjahres mindert die laufende Liquidität. Bevor man also in einen verlustreichen Teufelskreislauf gerät, zieht man besser die Notbremse.

Doch so weit sollte man es als Unternehmer gar nicht erst kommen lassen. Der negative Kreislauf lässt sich durch eine regelmäßige Überprüfung des Unternehmensplans vermeiden. Stimmt dieser mit der Wirklichkeit überein? Entsprechen die bisherigen Einkünfte - immer bezogen auf ein ganzes Jahr - den (monatlichen/vierteljährlichen/jährlichen) Kennzahlen (siehe Seiten 50 ff.)?

Falls sich zu einem bestimmten Zeitpunkt eine Unterdeckung ergibt, muss man gegensteuern und zusätzlichen Umsatz generieren. Nur eine solide Kalkulation bietet eine vernünftige Grundlage, um jederzeit und für jeden einzelnen Auftrag objektiv und sachlich zu überprüfen, ob man noch im gewinnbringenden Bereich ist.

Fixkostendegression

Erreicht ein Unternehmen durch besonders werthaltige Aufträge und überdurchschnittliche Effizienz seine Umsatzziele vorzeitig im laufenden Geschäftsjahr, tritt aus betriebswirtschaftlicher Sicht ein positiver Effekt auf: die so genannte Fixkostendegression. Die Fixkostendegression ist ein Begriff aus der **Deckungsbeitragsrechnung.** Diese bezieht sich auf den Beschäftigungsgrad und die Absatzmenge. Reicht die Summe aller Deckungsbeiträge aus, um die fixen Kosten eines Unternehmens zu decken, so erreicht der Betrieb die Gewinnschwelle. Alles, was darüber hinaus erwirtschaftet wird, erhöht die Rendite und die Wertschöpfung.

Die Fixkostendegression kennzeichnet das Sinken der fixen Kosten pro Stück mit zunehmender Beschäftigung. Je höher die Beschäftigung ist, desto niedriger sind die fixen Kosten pro Stück. Nachfolgend dazu zwei kurze Beispiele.

- Projektbezogene Fixkostendegression: Veranschlagt man 160 Stunden für eine Tätigkeit, benötigt aber nur 130, gelangt man in die Fixkostendegression („Über-Soll"). Benötigt man aber aufgrund einer Störung 200 Stunden, entstehen zusätzliche Kosten („Unter-Soll").
- Umsatzbezogene Fixkostendegression: Ein Unternehmen muss laut Jahresplan einen Umsatz von einer Million Euro machen. Hat es dank guter Kunden- und Auftragslage diesen Umsatz bereits im Oktober erreicht, beginnt ab diesem Zeitpunkt die Fixkostendegression. Würde das Unternehmen nun aufhören zu arbeiten, wäre das angestrebte Ziel erreicht und befände sich bereits im „Soll". Setzt man die Arbeit fort, bedeuten alle weiteren Einkünfte zusätzlichen Verdienst. Es stellt auch kein Problem mehr dar, wenn man im November und Dezember weniger lukrative Aufträge abschließt, denn mit dem erreichten Jahresziel sind bereits sämtliche Kosten gedeckt.

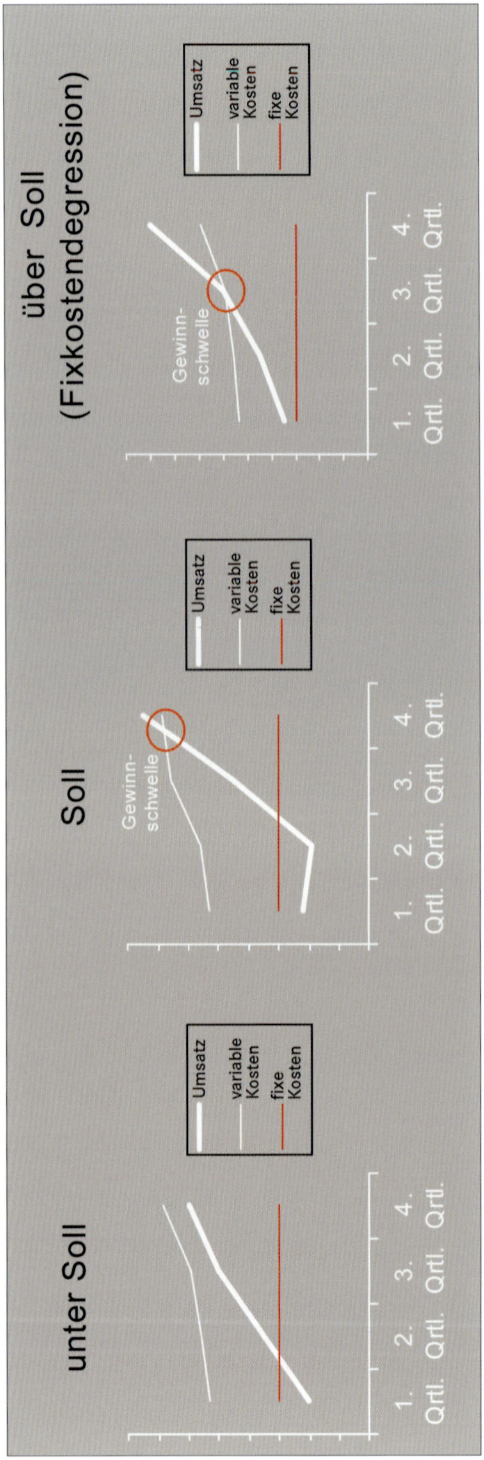
unter Soll
Umsatz
variable Kosten
fixe Kosten
1. Qrtl. 2. Qrtl. 3. Qrtl. 4. Qrtl.
Soll
Gewinn-schwelle
Umsatz
variable Kosten
fixe Kosten
1. Qrtl. 2. Qrtl. 3. Qrtl. 4. Qrtl.
über Soll (Fixkostendegression)
Gewinn-schwelle
Umsatz
variable Kosten
fixe Kosten
1. Qrtl. 2. Qrtl. 3. Qrtl. 4. Qrtl.

5. Wie erreichen wir unsere Firmenziele?

Die Unternehmertätigkeit ist, wie gesagt, mit dem Motorsport vergleichbar: Ein Rennen zwischen Start- und Ziellinie entspricht im Wirtschaftsleben einem Bilanz- bzw. Geschäftsjahr. Vor Beginn der Rennsaison sollte feststehen, mit welchem Team, in welchen Disziplinen bzw. Leistungsklassen und bei welchen Wettbewerben man an den Start gehen will. Natürlich ist die Konkurrenz in den attraktiven Wettbewerben stärker. Auch stellt sich die Frage, ob ein Rennstall in den von ihm angestrebten Leistungsklassen konkurrenzfähig ist und mit seiner Strategie überhaupt kalkulierbare Siegchancen hat.

Im Wirtschaftsleben lauten entsprechende Fragen: Mit welchen personellen Ressourcen, mit welchen Produkten und Leistungen und in welchen Märkten oder Zielgruppen möchte ich meine Leistungen anbieten? Ist mein Unternehmen - mit seinen Produkten und Leistungen - so wettbewerbsfähig, dass es sich am Markt behaupten kann?

So wie der Rennfahrer, der mehrere Saisonen in verschiedenen Disziplinen hinter sich hat, seine Erfahrungen nutzt, um sich für die nächste Saison vorzubereiten, so analysiert der Unternehmer das vergangene Geschäftsjahr und vergleicht seine Planung mit dem tatsächlichen Betriebsergebnis. Dabei stellt sich heraus, wie viele Ausfälle und Siege zu verzeichnen waren und wer schließlich Meister seiner Klasse wurde.

In guten wie in schlechten wirtschaftlichen Zeiten gibt es Wettbewerb sowie Angebot und Nachfrage. Solange ich mich bemühe, mit meinem Unternehmen im vorderen Feld mitzufahren, brauche ich mir keine Gedanken um meine Existenz zu machen. Denn diejenigen, die regelmäßig in die Punkte fahren, werden immer genügend Arbeit haben, um sich und ihre Mitarbeiter zu beschäftigen und nachhaltig das Unternehmen am Markt zu sichern.

Wer aufhört, sein Bestes zu geben, hört auf, gut zu sein!

Nur wer an sich und seinem Unternehmen ständig arbeitet und Optimierung anstrebt, wird ganz vorne dabei sein können. Unternehmer, die das beherzigen, sichern nachhaltig und langfristig ihre eigene Existenz und die ihres Unternehmens.

5.1 Ziele und Strategien

Das unternehmerische Denken kreist um Ziele, die man erreichen möchte. Das sind z. B. Rendite-, Umsatz- und Auftragsziele. Je genauer Sie diese definieren, desto leichter lässt sich der Weg festlegen, auf dem Sie diese Ziele erreichen können, und desto höher ist die Chance, sie zu verwirklichen.

Da das Unternehmen in der Regel finanzielle Unterstützung benötigt, ist eine gesunde Zusammenarbeit mit der Bank unerlässlich. Sowohl die Ziele als auch die Strategien zu ihrer Umsetzung sollten Sie als Unternehmer in einem Businessplan festgelegt haben. Diesen sollten Sie Ihrer Bank zwecks finanzieller Sicherung jederzeit vorlegen können (siehe Teil I, Kapitel 8 „Umgang mit der Bank“)

Normalerweise werden die Zahlen des vergangenen Jahres - beziehungsweise der letzten zwei bis drei Jahre - einer **Prognose** des nächsten Jahres zugrunde gelegt. Bei einer Unternehmensgründung ist das natürlich nicht möglich. Hier müssen Sie Ihre künftige wirtschaftliche Situation einschätzen, ohne auf praktische Erfahrungen zurückgreifen zu können. Das erschwert natürlich eine realistische Beantwortung der relevanten Fragen: Wie viele Mitarbeiter benötigen Sie? Wie viele Aufträge haben Sie sich vorgenommen, die Sie in welcher Zeit erledigen wollen/können? Welchen Umsatz wollen Sie mit Ihrem Personal erreichen?

Ab dem zweiten Jahr können Sie sich auf die Erfahrung des Vorjahrs stützen und erklären, aus welchen Gründen Sie ein Über- oder Unter-Soll erzielt haben. Der Rückblick ist sinnvoll, um aus Erfahrungen zu lernen. Eine Fixierung auf Vergangenes oder eine Regelanalyse ist jedoch gefährlich. Sie erweist sich im Hinblick auf kommende Risiken oder Chancen nicht selten als hemmend und trügerisch!

Wie werden Marktprognosen erstellt?

Nach welchen Kriterien sollten Sie planen? Eine Prognose enthält immer auch eine persönliche Komponente: Wie schätzen Sie als Unternehmer Ihren Markt ein? Dieser unterliegt zwar wirtschaftlich, politisch und/oder gesellschaftlich bedingten Schwankungen. Solche Entwicklungen können sich auf die Branche negativ auswirken. Doch auch als einzelner Unternehmer können Sie mithilfe Ihrer unternehmerischen Fähigkeiten gegen jeden Trend erfolgreich sein.

Ob in einer Rezession oder einer Phase des wirtschaftlichen Aufschwungs: Sie werden - innerhalb Ihrer Branche - immer versuchen, ganz vorne mitzuspielen. Eine Top-Position erfordert unternehmerische Weitsicht und die richtigen Entscheidungen. So müssen Sie z. B. herausfinden, an welchen Punkten globale Einflüsse Ihren eigenen Betrieb nicht betreffen und durch welche besonderen Produkte, Maßnahmen, Dienstleistungen oder alternative Portfolios Sie sich von der allgemein schwierigen Situation unabhängig machen können.

5.2 Geschäftsplanung: Das Unternehmensjournal

Ein Unternehmensziel, das lautet „Ich will Erfolg haben“, ist zu weit gefasst und führt Sie zu keinem konkreten Ergebnis. Vielmehr sollten Sie Ihren Weg zum Ziel so konkret und detailliert wie möglich beschreiben und dokumentieren. Daten und Fakten sind dabei auf realistische Durchführbarkeit und Erreichbarkeit hin zu überprüfen. Zu diesem Zweck empfehle ich, die alljährliche umfassende Planung in einem sogenannten **Unternehmensjournal** festzuhalten. Dieses stützt sich auf Statistiken, Marktanalyse sowie unternehmerische Erfahrungen und dokumentiert, wie Sie als Unternehmer Ihren Betrieb im Hinblick auf das laufende beziehungsweise kommende Geschäftsjahr einschätzen. Weniger der Einfluss der Weltwirtschaft oder Branchenskandale spielen hier eine Rolle als vielmehr Ihre individuelle Erfahrung sowie angepasste Strategiemaßnahmen, die Sie für Ihr Unternehmen vorgesehen haben (siehe Teil I, Kapitel 8 „Umgang mit der Bank“).

Das Unternehmensjournal ist ein Hilfsmittel, mit dem Sie im laufenden Geschäftsbetrieb jederzeit den tatsächlich erreichten Stand mit der Planung abgleichen können.

Inhalte des Unternehmensjournals

Welche Inhalte sollten nun im Unternehmensjournal erfasst werden?

1. Persönliche Analyse des vergangenen Geschäftsjahrs
2. Strategische Maßnahmen
3. Notwendige Investitionen
4. Umsatzplanung
5. Gewinnprognose
6. Langfristige Unternehmensentwicklung
7. Auftragsbestand/in Verhandlung/in Aussicht
8. Persönliche Einschätzung für das kommende Geschäftsjahr

zu 1: Persönliche Analyse des vergangenen Geschäftsjahrs

Der Unternehmer erklärt aus seiner Sicht sachlich, wie das Betriebsergebnis einzuschätzen ist. Welche externen und internen Umstände haben es beeinflusst? Bewertet er es als gut oder schlecht, und warum jeweils? Er zieht ein entsprechendes Fazit.

zu 2: Strategische Maßnahmen

Hier werden Maßnahmen zur Geschäftspolitik und der Unternehmensausrichtung bewertet. Haben sich Maßnahmen nicht bewährt, überlegt man, wie Fehler künftig vermieden und Maßnahmen optimiert werden können.

zu 3: Investitionsmaßnahmen

Grundsätzlich gehören Investitionen zum Erhalt des Unternehmens dazu. An dieser Stelle wird konkret überlegt, welche größeren Anschaffungen zur Optimierung von Abläufen bzw. zur Qualitätsverbesserung von Produkten beitragen.

zu 4: Umsatzplanung

Einzelne Produktarten bzw. Sparten werden aufgeführt und u. U. mit Vorjahresreferenzzahlen verglichen. Eine Umsatzprognose erfolgt aus der Zusammenfassung der Umsatzzahlen aus den einzelnen Unternehmensbereichen.

Beispiel: Umsatzplanung im Vergleich

	Geschäftsjahr 2014	Geschäftsjahr 2015
Technische Isolierung	2.500.000,- €	3.000.000,- €
Brandschutz	200.000,- €	300.000,- €
Schallschutz	100.000,- €	200.000,- €
Trockenbau	900.000,- €	800.000,- €
sonstige Handwerksleistungen	400.000,- €	700.000,- €
Gesamtumsatz	**4.100.000,- €**	**5.000.000,- €**
Eigenleistung	78 %	65 %
Fremdleistung	22 %	35 %
Anteil Direktkunden/Gesamtumsatz	56 %	60 %
Anteil GU-Projekte[4]/Gesamtumsatz	10%	20 %

Vergleicht man die Umsatzentwicklung über die Jahre hinweg, kann man Rückschlüsse darauf ziehen, welche Bereiche besonders werthaltig sind.

4 GU-Projekte: Generalunternehmerprojekte

Beispiel: Umsatzentwicklung in Prozent

	2012	2013	2014
Umsatzverteilung			
Direktkunden	40	65	62
Anlagenbau	56	34	36
Öffentliche Hand	3	0	0
Private Kunden	1	1	1,5
Kooperation	-	-	1,5
Umsatzstruktur			
Technische Isolierung	76	63	61
Trockenbau	5	7	21
Brandschutz	12	15	5
Schallschutz	7	15	2,5
sonstige Handwerksleistung	-	-	10
Anteil Fremdleistung/Umsatz	15	29	22

zu 5: Gewinnprognose

Gewinnprognosen sind ein heikles Thema. Realistischerweise sollten Sie gegenüber der Bank einen geringfügig niedrigeren Gewinn prognostizieren, als Sie erwarten. **Hinweis:** Gehen Sie bei der Gewinnprognose immer vom schlechtesten Fall aus!

zu 6: Langfristige Unternehmensentwicklung

Dieser Teil des Unternehmensjournals enthält die Begründung für die nachhaltige Sicherung des Unternehmens und stellt dar, auf welche Weise die Betriebsstruktur langfristig gewinn- und wertsteigernd ausgerichtet wird.

zu 7: Auftragsbestand

Hier werden alle Aufträge erfasst, die schon erteilt sind, sowie diejenigen, die in Verhandlung bzw. in Aussicht gestellt sind. Dieser Überblick gibt Aufschluss über die Umsatzlage; zudem stärken diese Zahlen die Aussagekraft der Planung, was die Position des Unternehmers gegenüber der Bank stärkt. Nebeneffekt: Die Beschäftigung mit Marktpotenzialen eröffnet weitere Chancen für Neuaufträge.

zu 8: Persönliche Einschätzung für das kommende Geschäftsjahr

Unabhängig von der allgemeinen Wirtschaftslage wird hier auf der Basis von Fakten begründet, wie das eigene Unternehmen positioniert ist, d. h. beispielsweise, warum negative Wirtschaftstendenzen gerade auf das eigene Unternehmen nicht zutreffen.

Für das Unternehmensjournal gibt es keine Formvorschriften. Es geht viel mehr um die Inhalte als um die Aufmachung.

6. Projektmanagement

Standardisierte Abläufe bei regelmäßigen Aufträgen

Jeder Auftrag, jeder Kunde, für den Sie tätig werden, stellt zwar eine neue Herausforderung dar, aber im normalen Baustellen- bzw. Projektablauf sind immer wiederkehrende Abläufe standardisiert. Sie sollten vom Auftragseingang bis zur Rechnungsstellung immer gleich sein. Viel Zeit spart man, wenn grundsätzlich die Zuständigkeiten und der damit verbundene Bürokratismus geregelt sind: Wer kümmert sich um welche Dokumentationen (Aufmaß, Regieberichte, Bautagebuch), wer ist für die Abnahme zuständig, wer für die Vorbereitung zur Schlussrechnung, für Nachkalkulation, Rechnungsstellung, Mahnwesen u. v. m.? Arbeiten, die täglicher Routine unterliegen, erfordern kein besonderes Projektmanagement. Kleinaufträge, an denen nur wenige Mitarbeiter beteiligt sind, werden in einem sogenannten Projektbrief geplant und dokumentiert.

Schwierig wird es immer dann, wenn ein Auftrag außergewöhnlich ist und vom standardisierten Verfahren nicht erfasst werden kann. Dann handelt es sich um ein Projekt. An diesem Punkt beginnt Projektmanagement.

Wann wird Projektmanagement benötigt?

Projektmanagement kommt immer dann zum Einsatz, wenn man es mit individuellen Aufgabenstellungen zu tun hat, die umfangreich und zeitlich begrenzt sind, einen hohen Schwierigkeitsgrad und ein entsprechend hohes Risiko beinhalten. Die Systematik des Projektmanagements strukturiert jeden Projektablauf und erleichtert damit die Auftragsabwicklung.

In gewisser Weise beginnt Projektmanagement bereits vor der Abgabe eines Angebots. Der Unternehmer sollte sich zunächst über einige grundlegende Fragen Klarheit verschaffen, bevor er entscheidet, sein Unternehmen um den Auftrag ins Rennen zu schicken: Welche Risiken sind mit dem Auftrag verbunden? Reichen die eigenen Kapazitäten aus? Verfügt der Auftraggeber über die nötige Bonität? Sind der Zeitrahmen und meine technischen Mittel realistisch? Sind alle notwendigen Projektetappen bekannt? Nach welchem Vertragsrecht soll das Projekt abgewickelt werden?

Projektmanagement ist ein Modell zur strukturierten Arbeitsabwicklung. Es verfolgt zwei Ziele: Zum einen muss der zeitliche Ablauf eines Projekts organisiert werden, damit alle Einzelarbeiten harmonisch ineinandergreifen und die Auftragsabwicklung zeitlich und qualitativ nach den Kundenerwartungen umgesetzt werden kann. Die Wahrscheinlichkeit, dass Projektmanagement Erfolg hat, erhöht sich, wenn es gelingt, Risiken zu reduzieren, die Teamarbeit zu fördern, alle auf das Ziel einzustellen, Informationsflüsse zu verbessern und den Projektfortschritt permanent zu kontrollieren.

Zum anderen müssen auch unternehmerische Rentabilitäts- und Qualitätsaspekte berücksichtigt werden: Der interne Aufwand des Projekts sollte möglichst effektiv und kostensparend gehalten werden.

Projektmanagement = Qualitätsmanagement

Da Projekte in der jeweiligen Ausführung sehr individuell sein können, müssen die einzelnen Etappen detailliert geplant werden. Die am Projekt beteiligten Personen werden zu einem Projektteam zusammengefasst und die Aufgaben und Schnittstellen genau definiert, damit Risiken und Missverständnisse auf ein Minimum reduziert werden. Das ist die Grundlage für ein professionelles Projektmanagement.

Visualisierter Projektablauf

Als hilfreich erweist es sich, wenn der Arbeitsablauf z. B. mit einem Flussdiagramm visualisiert wird. Notieren Sie sich die einzelnen Arbeitsschritte in der richtigen Reihenfolge und verschaffen Sie sich so einen Überblick darüber, welche Vorgänge aufeinander folgen oder parallel laufen und wo Sie Pufferzeiten einplanen sollten. Aus solchen Ablaufübersichten lassen sich detaillierte Zeit- und Ressourcenpläne ableiten, in die Sie folgende Informationen eintragen:

- Welche Lieferzeiten bestehen für welche Produkte, und wann muss ich mit welchen Lieferanten sprechen und Material disponieren?
- Wann brauche ich wie viel Personal für welche Arbeiten?
- Wann bin ich von anderen Gewerken abhängig?

Aufgaben der Planung

- Schärfen/Konkretisierung der Zieldefinition
- Unterstützung des Informationsaustauschs zwischen einzelnen Teams
- Einbeziehung von Ressourcen und Terminen
- Überwachung des gesamten Ablaufs

Projektphasen

Aufträge im Handwerk lassen sich im Allgemeinen in drei Phasen gliedern: Mit dem Auftragseingang und der Definition der Aufgabenstellung beginnt das Projekt. Im Großen und Ganzen unterteilt es sich in die Abschnitte Planung, Durchführung und Abschluss.

6.1 Planungsphase

Nachdem Sie Ihre Leistung zu Ihrem kalkulierten Preis angeboten und der Kunde das Angebot angenommen hat, ist es nun Ihre Aufgabe, im Vorfeld das Verhältnis von **Qualität und Kosten** zu definieren. Während beim Verkauf eines fertigen Produkts kaum Schwankungen zu erwarten sind - z. B. die Waschmaschinen einer bestimmten Bauart gleichen sich alle -, muss im Handwerk für jeden Auftrag eine Vielzahl von Überlegungen angestellt werden:

- Bis zu welchem Grad ist der Auftrag wirtschaftlich rentabel?
- Welche Qualitätsmerkmale können entsprechend dem zur Verfügung stehenden Kostenrahmen erfüllt werden?
- In welchem Maß lassen sich ästhetische Aspekte und Serviceleistungen berücksichtigen?
- Welche Erwartung stellt der Kunde an uns?
- Wie kann man sich gegenüber den Kundenforderungen absichern?
- Wie kann ein hoher Grad an Zufriedenheit für alle Betroffenen realisiert werden?

Zwischen den beiden Polen „Qualität“ und „Kosten“ gibt es viele Aspekte, die in der Vorplanung ausgelotet werden müssen. Es macht dabei Sinn, die Perspektive des Kunden einzubeziehen, der andere Prioritäten als der Unternehmer hat.

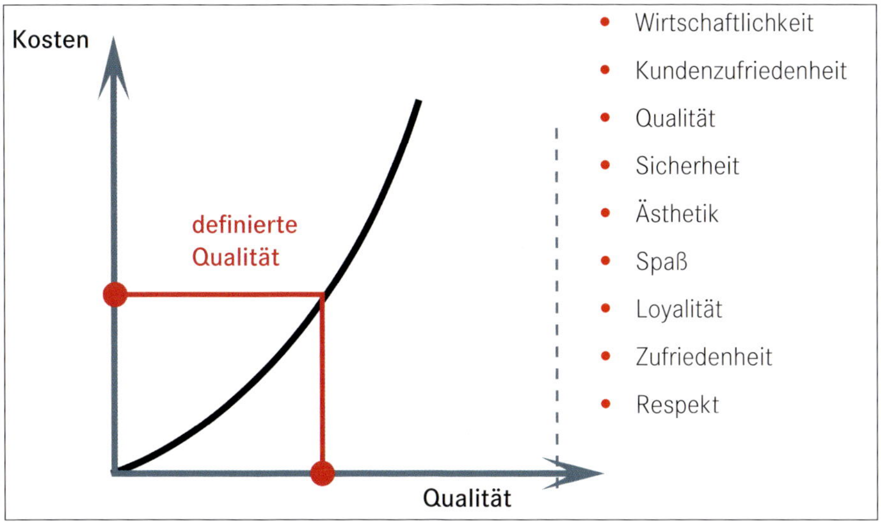

Projektmanagement: Planungsphase

Wichtig: Durch die subjektive Wahrnehmung der Menschen werden einzelne Zielsetzungen unterschiedlich wichtig wahrgenommen!

Strategische Überlegungen

Darüber hinaus kann es Nutzenerwägungen geben, die außerhalb des aktuellen Projekts liegen und strategischer Natur sind, z. B. wenn man einen Kunden langfristig an sich binden möchte. Möglicherweise ist es sinnvoll, aus strategischem Interesse ein Projekt durchzuführen, selbst wenn es für den Unternehmer zunächst nicht wirtschaftlich ist.

Schließlich muss auch noch ermittelt werden, ob man über die erforderlichen Ressourcen verfügt, z. B. über genügend qualifizierte Mitarbeiter. Um Fehler auszuschließen und Widerstände gegenüber dem Projekt abzubauen, müssen alle Betroffenen die Zielvorgabe genau kennen und gemeinsam daran arbeiten, sie zu erfüllen. Handwerksleistungen müssen individuell geplant werden, und dazu gehört auch, alle Erwartungen zu kennen und auf ihre sachlichen, wirtschaftlichen und emotionalen Aspekte hin zu analysieren.

Teambildung im Projektmanagement

Alle am Projekt Beteiligten müssen zunächst gemeinsam bestimmte Regeln zur Projektabwicklung aufstellen. Dazu gehört beispielsweise die Klärung folgender Punkte und Fragen:

a. **Verantwortung:** Wer kümmert sich um was? Wer darf was entscheiden beziehungsweise muss/darf was tun?

b. **Informationsfluss:** Wer gibt wem wann welche Informationen weiter? (Termine für regelmäßige Besprechungen)

c. **Kontrollmechanismen:** In welchen Intervallen wird der aktuelle Leistungsstand überprüft und dokumentiert?

d. **Teamregeln:** Welche Konsequenzen hat die Nichterfüllung der zugeteilten Aufgaben?

Basisanforderungen des Projekts

Die Basisanforderungen des Projekts werden schriftlich festgehalten, und zwar in einem Lasten- und/oder einem Pflichtenheft.

Das **Lastenheft** wird vom **Auftraggeber** verfasst und beschreibt, was dieser erwartet. Insbesondere enthält es eine Übersicht über die beabsichtigte Leistung, eine Funktionsspezifikation und Angaben über Ziele, Einsatz und Nutzen des Projektergebnisses, relevante technische Daten und Leistungen, gewünschte Qualitätsanforderungen, vertragliche Rahmenbedingungen (z. B. Teilleistungen, Gewährleistung, Vertragsstrafen), Anforderungen an das Projektmanagement des Auftragnehmers (z. B. Projektdokumentation) sowie evtl. erforderliche Ergänzungen.

Das Lastenheft kann die Grundlage einer Anfrage bzw. von Vertragsverhandlungen sein, allerdings sollte man sich der kommunikativen Probleme bewusst sein, die hier lauern. Manchmal werden Lastenhefte von Auftraggebern verfasst, die sich fachlich nicht auskennen und wenig aussagekräftige Angaben machen. Hier müssen die „Alltagssprache" des Anwenders und die produkt- und theoriebezogene Sprache des Auftragnehmers aufeinander abgestimmt werden.

Das **Pflichtenheft** verfasst der **Auftragnehmer.** Er beschreibt darin detailliert und vollständig, was sein Unternehmen leistet, um die Leistung in hoher Qualität zu liefern. Das Pflichtenheft dient als verbindliche Grundlage des zu schließenden Vertrags. Enthalten sind Angaben über eine grundsätzliche Spezifikation des zu erstellenden Produkts, Anforderungen an das Produkt und die spätere Verwendung, technische Rahmenbedingungen (Normen, Material, Optik), vertragliche Rahmenbedingungen (Gewährleistung, Teilleistung, Vertragsstrafen), Anforderungen an den Auftragnehmer

(Zertifizierungen, Zusatzqualifikationen) sowie Anforderungen an das Projektmanagement (Dokumentation, Controlling usw.). Für das Pflichtenheft besteht eine DIN-Norm (DIN 69905).

Ablaufplan

Das Projekt wird zeitlich wie inhaltlich strukturiert und in einzelne Phasen eingeteilt. Es sind Teilaufgaben zu definieren, und es ist zu klären, wer welche Aufgabenpakete übernimmt. Für sie werden (realistische) Termine festgelegt. Die Termine werden in drei bis fünf „Meilensteine" gegliedert. Sie legen die wichtigsten Etappen fest, an denen der Prozess überprüft und ggf. nachgesteuert wird. Zusätzlich werden die Termine festgelegt, an denen die Aufgabenpakete sowie das Gesamtprojekt abgeschlossen sind. Zum Ablaufplan gehören auch eine Risikobewertung sowie eine Ablaufdokumentation.

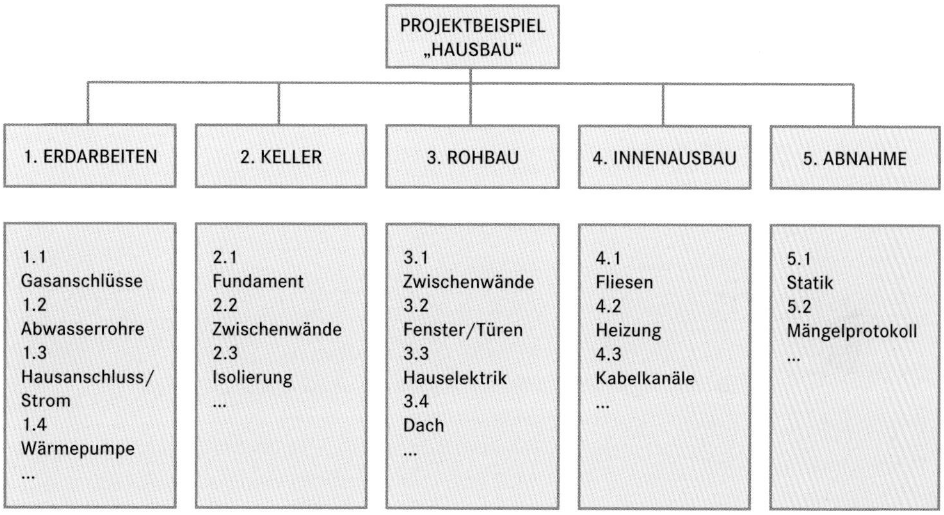

Projektbeispiel Hausbau

Vorgang	Dauer	Anfang	Ende	Jan.	Feb.	Mär.	Apr.	Mai	Jun.	Jul.	Aug.	Sep.
Erdarbeiten	10 Tage	05.01.	15.01.									
Keller	20 Tage	15.01.	04.03.									
Rohbau	40 Tage											
Innenausbau	50 Tage											
Abnahme	2 Tage											

Projektplanung Hausbau

6.2 Durchführung

Die tatsächliche Durchführung des Projekts untergliedert sich in fünf Phasen:

1. Projekt-Controlling
2. Kommunikation
3. Statusberichte
4. Dokumentation
5. Implementierung

1. Projekt-Controlling

Das Projekt-Controlling dient der Überprüfung, ob das Projekt planmäßig verläuft. Permanent wird ein Soll-Ist-Vergleich durchgeführt, sowohl durch die Kontrolle der Meilensteine wie auch des jeweiligen Zeitaufwands. Welche Maßnahmen müssen ergriffen werden? Muss der Zeitplan evtl. angepasst werden? Entsprechendes ist zu dokumentieren.

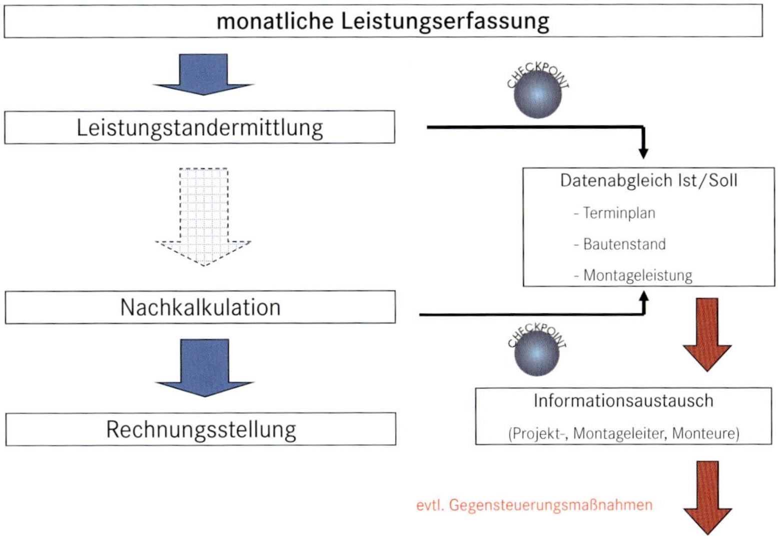

Projektmanagement: Die Durchführungsphase (Projektcontrolling)

2. Kommunikation

Während des Projekts müssen sich alle Beteiligten (z. B. Bauherr, Architekt, Planungsbüro und Projektteam) regelmäßig treffen und über folgende Punkte austauschen:

- Welches sind die Zwischenergebnisse?
- Gibt es Schwierigkeiten und/oder Verzögerungen?
- Können wir schwierige Probleme gemeinsam lösen?
- Wie gehen wir weiter vor?
- Was muss der Auftraggeber bis wann liefern?
- Welche Änderungswünsche gibt es? (Vorsicht bei deren Aufnahme!)

Diese Besprechungen finden möglichst an einem sogenannten „Jour fixe", also an einem regelmäßig wiederkehrenden Termin statt. Sie können auch mehrere Stunden dauern und sollten protokolliert werden.

3. Statusberichte (bei umfangreichen Projekten)

Diese regelmäßigen, meist monatlichen Berichte informieren den Auftraggeber über den aktuellen Status; gleichzeitig sichern sie das Projektteam ab. Basierend auf der fortlaufenden Dokumentation (siehe 4.) machen sie Angaben über den Stand im Zeitplan, über Probleme und Verzögerungen. Sie sind auf das Wesentliche reduziert (ca. 1 DIN-A4-Seite) und können auch konstruktive Kritik enthalten, was sich für das Projekt oft als hilfreich erweist.

4. Dokumentation

Der Projektleiter ist für die fortlaufende und zeitnahe Dokumentation des Projektablaufs verantwortlich. Sie ist die Grundlage für Protokolle, Statusberichte und die Abschlussdokumentation. Hier findet man z. B.

- Materiallisten/Nummern/Bezugsquellen,
- eine Fotodokumentation,
- Planunterlagen und Angaben zu wichtigen Details,
- ein Pflichtenheft.

5. Implementierung

Das abgeschlossene Projekt wird dem Auftraggeber zeitnah übergeben (siehe auch nachfolgend 6.3 „Abschlussphase“). Zur Implementierung gehören

- eine interne Vorabnahme zur Qualitätssicherung,
- eine technische Kurzanleitung zum Gebrauch,
- eine schriftliche Dokumentation mit allen Abnahmeprotokollen,
- eine Mängelbeseitigungsliste (mit einem für die Nachabnahme festgelegten Termin)
- Wartungs- und Pflegehinweise,
- eine Nutzungsspezifikation (mit Angaben zu evtl. Einschränkungen und Folgen von Missbrauch).

Praxistipp: Agieren statt reagieren!

Je größer ein Auftrag, desto wichtiger ist es, den aktiven Part zu übernehmen. Wer die Rahmenbedingungen setzt und fordert, was er braucht, ist im Vorteil. Diese „Gestaltungshoheit“ entgleitet, sobald man in die passive Rolle verfällt und nur noch reagiert. Dann gerät man leicht in Zugzwang: Der Aufwand erhöht sich überproportional, ebenso steigen Kosten und Zeitaufwand.

Das Fazit lautet: Agieren statt reagieren - und zwar zu jedem Zeitpunkt. Man muss immer einen Schritt voraus sein und wissen, welche Arbeiten z. B. in den nächsten beiden Wochen anfallen, um anderen entsprechende Aufgaben zu stellen. Schriftliche Protokolle als Beleg der eigenen Arbeit sind dabei unerlässlich.

6.3 Abschlussphase

Dem Projektabschluss kommt grundsätzlich eine besondere Bedeutung zu, da er einen bleibenden Eindruck auf alle Beteiligten hinterlässt. Man sollte deshalb einen negativen Abschluss vermeiden und stattdessen mit einem positiven Projektabschluss dessen Qualität auch nachhaltig heben. Das kann sich auch positiv auf Folgeprojekte auswirken.

Abnahme und Übergabe

Vor der eigentlichen Endabnahme durch den Kunden sollte man eine interne Vorabnahme machen, also die Qualität der eigenen Arbeitsleistung kontrollieren. So verhindert man unangenehme Überraschungen in der Abnahmesituation (siehe „Implementierung“).

Zu einer qualitativ hochwertigen Bauausführung gehört z. B. eine möglichst lückenlose Dokumentation, die man dem Kunden nach Abschluss aller Arbeiten aushändigt: Bautagebuch, Regieberichte, saubere Aufmaße, Bedienungsanleitungen, Pflegehinweise, Materialordner etc. Will der Kunde nach zehn Jahren Einzelteile ersetzen, so erleichtert ein Materialordner die Nachbestellung ungemein. Sinnvoll sind auch Fotoprotokolle von Einbauten, die am Ende nicht mehr sichtbar sind. Wenn es ein Pflichtenheft gibt, sollte man dies beilegen. Damit dokumentiert man alle Arbeiten, die man erledigt hat, möglicherweise über die vereinbarten Leistungen hinaus.

Abschlussgespräch

Größere Projekte sollten am Ende mit einem persönlichen Treffen abgeschlossen werden. Zum einen dient es der internen Analyse, wobei Lob emotional sein darf, Kritik aber sachlich bleiben muss. Zum anderen erhält man eine Rückmeldung vom Kunden: Er legt dar, ob seine Vorstellungen erfüllt sind oder ob er noch zusätzliche Leistungen wünscht. Darüber hinaus bietet ein Abschlussgespräch auch wertvolle Anknüpfungspunkte für weitere Aufträge.

7. Qualitätssicherung

Das europäische Qualitätsmanagementsystem nach DIN EN ISO 9001 hat sich in der Industrie durchgesetzt, zunehmend gehört es aber auch bei Dienstleistern und in Kleinbetrieben zum Standard. Mit ihm wird die Prozessqualität dokumentiert und zertifiziert. Dabei werden Abläufe, Schnittstellen und Verantwortlichkeiten definiert, um die Qualität der Leistung sicherzustellen. Zu den Grundsätzen des Qualitätsmanagements zählen u. a. Kundenorientierung, Führungsverantwortlichkeit, Prozessorientierung, kontinuierliche Verbesserungen und sachbezogene Entscheidungsfindungen.

Aus unternehmerischer Erfahrung des Autors spielen die nachfolgenden Aspekte der Qualitätssicherung eine besondere Rolle:

- die Bedeutung und Aufgabe eines jeden Mitarbeiters im Betrieb,
- die funktionierende betriebliche Organisation mit einem hohen Grad an kommunikativer Abstimmung sowie
- die Funktion des Projektleiters.

7.1 Kommunikation zwischen Mitarbeitern

Die Bedeutung des einzelnen Mitarbeiters

Je stärker Mitarbeiter in Firmenabläufe und Entscheidungsprozesse einbezogen werden, desto stärker werden sie sich mit ihrem Unternehmen identifizieren und die gemeinsamen Ziele eigenverantwortlich verfolgen. Daher ist die **Kernkompetenz** sämtlicher Mitarbeiter ein wichtiger Schritt zur Qualitätssicherung: Jeder kennt das gesamte Leistungsspektrum seines Unternehmens und kann dieses auch positiv nach außen vertreten.

Unterstützt wird diese Identifikation durch die verbindliche schriftliche Festlegung der Firmenphilosophie im Leitfaden (siehe auch Teil I, Abschnitt 1 „Welches Leistungs- und Firmenprofil hat ein Unternehmen?“). Das Bewusstsein, ein wichtiger Teil des Unternehmens zu sein, stärkt darüber hinaus gleichzeitig die **Motivation.**

Die Kenntnis der Gesamtzusammenhänge wirkt sich positiv auf das **Betriebsklima** aus, denn sie führt zu einem verstärkten Informationsaustausch, der wiederum Konflikte verhindert beziehungsweise ihre Lösung erleichtert (siehe Teil II, Abschnitt 6 „Mitarbeiterführung“).

Betriebsorganisation und Kommunikationsstrukturen

Flach organisierte Hierarchien, innerhalb derer alle Verantwortung tragen, erfordern einen permanenten Informationsaustausch. Damit dieser funktioniert, sollte er durch die betriebliche Organisation unterstützt werden. Zwischen klar definierten Aufgaben- und Kompetenzbereichen tauschen sich die Mitarbeiter über das Wesentliche der Aufgabenstellung aus, damit zwischen Angebots- und Rechnungsstellung alle Informationen erfasst und dokumentiert werden können.

Regelmäßige Fortbildungsmaßnahmen aller Mitarbeiter strahlen über das Kommunikationsnetz auch in andere Bereiche, was wiederum Qualität auf hohem Niveau zu sichern hilft.

7.2 Der Projektleiter

In Abschnitt 6 wurden die einzelnen Phasen des Projektablaufs beziehungsweise großer Bauaufträge skizziert. Die zentrale Figur bei dieser Abwicklung ist der Projektleiter.

Aufgaben des Projektleiters

Nachdem der Unternehmer im Verkaufsgespräch dem Kunden eine bestimmte Leistung zugesagt hat, obliegt es in der Ausführungsphase dem Projekt- beziehungsweise Montage- oder Bauleiter, diese Zusagen einzuhalten und umzusetzen. Er befindet sich damit in einem **Spannungsfeld** zwischen Kunden, Unternehmensführung und ausführenden Mitarbeitern. Ihm kommt die schwierige Aufgabe zu, alle zufriedenzustellen, ja in gewisser Weise sogar glücklich zu machen.

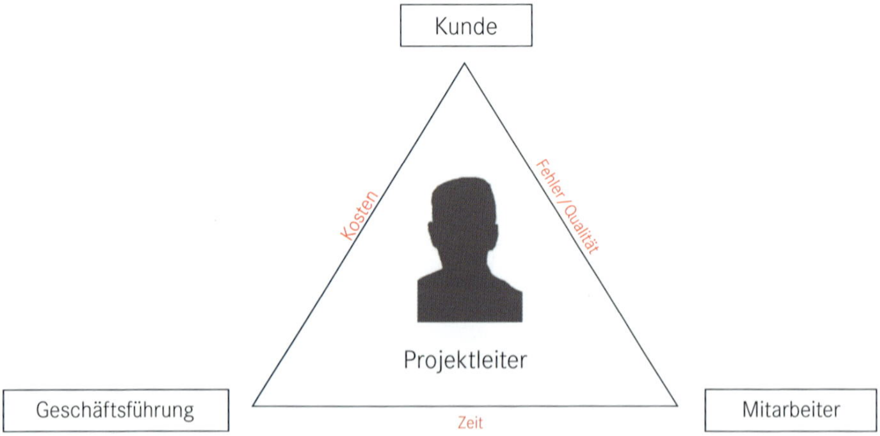

Der Projektleiter im Spannungsfeld

Sein Erfolg wird nicht nur am sachlichen Ergebnis gemessen, sondern ebenso an seiner Leistung hinsichtlich der Mitarbeiterbetreuung, Organisation und Arbeitsvorbereitung. Auf der einen Seite informiert er den Kunden über die einzelnen Arbeitsabläufe und bezieht auch dessen Wünsche ein, während er andererseits intern die Verantwortung für einen koordinierten Ablauf trägt und für ein gutes Arbeitsklima sorgt, Aufgaben zuteilt und die eigenen Mitarbeiter zu einem flexiblen Arbeitseinsatz motiviert. Er muss für alle Beteiligten deren Aufgaben genau definieren. Jedem muss jederzeit klar sein, an welcher Stelle im Ablauf man sich gerade befindet, welches die Schwierigkeiten sind, welche Ziele bereits erreicht wurden und welche noch ausstehen.

Hohe Ansprüche an Kompetenz

An den Projektleiter werden hohe Ansprüche gestellt; er muss über verschiedene Fähigkeiten verfügen:

- **Fachkompetenz:** Er muss die Abläufe von der sachlichen Seite her kennen und sie beurteilen können.
- **Methodenkompetenz:** Er muss die Abfolge der Arbeitsschritte kennen und wissen, auf welchem Weg und mit welchen Mitteln die (Teil-)Ziele am besten erreicht werden. Methodenkompetenz ist die Fähigkeit, Fachkenntnisse anzuwenden, und das setzt wiederum Wissen und Können voraus.
- **Sozialkompetenz:** Er muss auf Menschen gut eingehen können. Im Gegensatz zur Fachkompetenz ist die Sozialkompetenz wenig verstandesorientiert. Man geht davon aus, dass die Sozialkompetenz zu 15 %

vom Verstand und zu 85 % vom Gefühl (nichtrationale Entscheidungen, Instinkt etc.) geprägt ist.

Kommunikative Kompetenz entscheidend

Welche dieser Kompetenzen ist für einen Projektleiter besonders wichtig? Projektleiter sollten vor allem sozial- und methodenkompetent sein. Die Fachkompetenz wird oft überschätzt. Viele Betriebe stellen Bauleiter nach formaler Qualifikation ein, sie suchen z. B. ausgebildete Bauingenieure. Dieses Kriterium ist für die Position des Bauleiters zwar wichtig, aber nicht allein entscheidend. Seine Hauptaufgabe ist eine kommunikative. Natürlich muss er wissen, welche Arbeiten hinter den jeweiligen Handwerksleistungen stecken, aber die volle Fachkompetenz wird nicht von ihm, sondern von denjenigen eingefordert, die die Arbeiten tatsächlich ausführen. Das Grundwissen ist wichtig, das notwendige Fachwissen stellt sich mit zunehmender Erfahrung ein.

In seine Zuständigkeit fällt auch die **Terminkoordination,** d. h. die Transparenz der Baustellenorganisation. Es müssen nicht zuletzt Baustellen- und Kundentermine, Angebote und Materiallieferung, Rechnungsstellung u. v. m. koordiniert werden.

Zeitmanagement

Tatsächlich stellt die zeitliche Koordination die größte Herausforderung des Bauleiters dar, da er viele Faktoren nicht selbst steuern kann, sondern darauf reagieren muss. Faktoren, welche die Zeitabläufe beeinflussen, betreffen die Mitarbeiter (Ausfälle durch Krankheit), Baustellen- und Kundentermine, Einkauf und Materiallieferung sowie Angebots- und Rechnungswesen. Wann ist der richtige Zeitpunkt für welchen Schritt? Für den Projektleiter gibt es häufig keine eindeutige Antwort auf diese Frage. Gemäß der Grundregel „Agieren statt reagieren“ orientiert er sich im Allgemeinen an folgenden Regeln:

- Regel 1: Prioritäten setzen – wichtig vor unwichtig!
- Regel 2: Immer Zeit für Unvorhergesehenes einplanen!
- Regel 3: Routenplanung für den Außendienst!
- Regel 4: Wöchentlich einen Bürotag veranschlagen!

7.3 Gute Mitarbeiter

Wie findet man passende Mitarbeiter?

Das Finden der „richtigen“ Mitarbeiter ist vergleichbar mit dem Aufbau eines Freundeskreises: Man umgibt sich mit Menschen, mit denen man gerne zusammen ist. Man respektiert und unterstützt einander. Gemeinsame Erlebnisse und Erfolge intensivieren diese Beziehung. Sie ist auch auf das Verhältnis zwischen Unternehmer und Mitarbeitern anwendbar. Nimmt der Unternehmer sie ernst, sollte er seinen Mitarbeitern nicht das Gefühl vermitteln, dass sein Verhältnis zu ihnen rein sachlich und auf die berufliche Tätigkeit beschränkt ist.

Geld alleine ist nicht alles!

Bei einem Arbeitsverhältnis stellt der Angestellte dem Betrieb seine Zeit, seine Arbeitskraft und sein Wissen zur Verfügung. Er erhält dafür im Gegenzug Geld und gewisse soziale Absicherungen. Geld alleine ist allerdings in den wenigsten Fällen Garant für qualitätsvolle und engagierte Mitarbeit. Weitere wichtige (Motivations-)Faktoren sind:

- Bedeutung und Wichtigkeit der Tätigkeit für das Unternehmen
- Zusammenarbeit und der Umgang mit Kollegen und Kunden
- Arbeitsplatz, an dem gearbeitet wird
- Materialien und Werkzeuge, die zur Verfügung stehen
- Anerkennung für die erbrachte Leistung.

Gute Mitarbeiter muss man sich verdienen!

Jeder Unternehmer wünscht sich fachkompetente, hilfsbereite und motivierte Mitarbeiter, die kostenbewusst mitdenken und effektiv arbeiten. Ein Wunschtraum? Nicht unbedingt. Aber um diese Vorstellung zu verwirklichen, muss der Unternehmer einige Voraussetzungen schaffen. Er ist für die Arbeitsplatzbedingungen, z. B. die Qualität von Hilfsmitteln und Werkzeugen, die optimale Verteilung von Aufgabenfeldern sowie für ein gutes Betriebsklima verantwortlich. Seine Vorstellungen von einer positiven Zusammenarbeit aller Mitarbeiter sind im Firmenleitfaden ebenso festgehalten wie die Anforderungen, die er an deren fachliche Qualität und Kompetenz stellt. Für die langfristige Entwicklung guter Mitarbeiter spielt zudem deren persönliche und fachliche Motivation eine wichtige Rolle.

Was bietet das Unternehmen dem Mitarbeiter?

Jeder Inhaber sollte seinen Betrieb immer so führen, dass er gerne selbst (angestellter) Mitarbeiter in ihm wäre. Natürlich muss auch die Bezahlung der Leistung angemessen sein. Aber darüber hinaus beeinflussen noch andere Kriterien die Qualität der Zusammenarbeit.

- **Arbeitsplatzsicherung/gutes Firmenimage**
  Jeder Mitarbeiter identifiziert sich mit seiner Arbeit und mit dem Unternehmen. Je erfolgreicher das Unternehmen, desto interessanter ist es als Arbeitgeber. Der Wunsch nach einem sicheren Arbeitsplatz ist derzeit größer und aktueller denn je.
- **Gutes Betriebsklima/Personalführung**
  Jeder von uns hat am liebsten mit Menschen zu tun, mit denen er sich versteht. Persönliche Beziehungen und eine gute Atmosphäre zwischen Angestellten und der Unternehmensführung sind Basis einer guten Zusammenarbeit. Mitarbeiter, die gerne zur Arbeit gehen, sind motiviert, ihr Bestes zu geben. Damit tragen sie erheblich zum Gesamterfolg bei.
- **Werkzeuge & Arbeitskleidung**
  Im Handwerk ist das äußere Erscheinungsbild sehr wichtig. Die Mitarbeiter beim Kunden vor Ort sind dazu die beste Werbung. Eine einheitliche ordentliche Arbeitskleidung ist ebenso unerlässlich wie hochwertiges Werkzeug. Mit qualitativ schlechtem Werkzeug macht das Arbeiten nur halb so viel Spaß, es beeinträchtigt die Qualität der handwerklichen Leistung und erhöht darüber hinaus auch noch das Unfallrisiko für die Mitarbeiter.
- **Interessantes, abwechslungsreiches Aufgabenfeld**
  In vielen Betrieben werden Mitarbeiter eher nach fachlicher Kompetenz als nach ihren Wünschen eingeteilt. Ist das der Fall, werden die Mitarbeiter für Tätigkeitsbereiche, in denen sie besonders effizient arbeiten, fest eingeplant. Die Folge: Monotonie in der Arbeitswelt. Fühlen sich die Betroffenen nach einer gewissen Zeit nicht mehr gefordert, lässt ihre Motivation nach. Damit sie erhalten bleibt, ist es jedoch nötig, immer wieder vor neuen Herausforderungen zu stehen (bzw. gestellt zu werden).
- **Sonderzahlungen/Gratifikationen**
  Natürlich stellen finanzielle Anreize einen wichtigen Motivationsfaktor dar, z. B. eine zusätzliche Vergütung durch Schichtarbeiten, Leistungszulagen oder besondere Arbeiten. Auch die finanzielle Beteiligung am Unternehmenserfolg ist ein möglicher Anreiz.
- **Aus- und Weiterbildungsmaßnahmen/Karriere**
  Besonders für jüngere Mitarbeiter sind bei der Auswahl eines Unternehmens die gebotenen Aufstiegschancen wichtig. Als Unternehmer haben Sie es in der Hand, sich Ihren Nachwuchs selbst heranzuziehen. Je höher

die Qualität der Ausbildung, desto mehr Freude haben Sie später, wenn der oder die Auszubildenden in das Unternehmen übernommen werden.

Der Chef muss kompetentes Vorbild sein

Im Hinblick auf die fachliche Kompetenz muss der Chef vorangehen und durch sein Beispiel die Mitarbeiter motivieren, sich für Neuerungen zu interessieren und auf dem aktuellen Stand zu halten. Dieser Prozess bedeutet Weiterentwicklung, nicht nur der einzelnen Mitarbeiter, sondern des Unternehmens insgesamt. Der Prozess setzt sich idealerweise auch dann fort, wenn das Unternehmen expandiert und die Auszubildenden nicht mehr durch den Unternehmer selbst, sondern durch Ausbilder angeleitet werden.

Fortbildung

Regelmäßige Fortbildungsmaßnahmen dienen als wichtiges Instrument, um einerseits als Unternehmen auf dem neuesten Stand zu sein und andererseits gute Mitarbeiter anzuwerben.

Auch habe ich wiederholt die Erfahrung gemacht, dass handwerklich begabte und ehrgeizige Mitarbeiter bereit sind, eine Zusatzausbildung in Kauf zu nehmen, wenn sie sich dadurch weiterentwickeln können und durch die neue Qualifikation günstige Perspektiven gewinnen. Kollegen werden dadurch motiviert, sich ebenfalls weiterzuentwickeln: Das bildet weiter, sie bleiben offen für Neues und die eigene Entwicklung. Langfristig gewinnt man durch solche Personalentwicklungsmaßnahmen auch bessere und motivierte Fachkräfte.

Mitarbeiter unterschiedlichen Alters

In unserer Leistungsgesellschaft ist der Spagat zwischen älteren erfahrenen Mitarbeitern und jungen dynamischen Gesellen/Auszubildenden für Handwerksbetriebe eine besondere Herausforderung. Sie setzt den Unternehmer unter ökonomische und finanzielle Zwänge und erfordert viel Fingerspitzengefühl, Zeit und Geduld.

Viele Familienbetriebe versäumen es, den eigenen Nachwuchs rechtzeitig „heranzuziehen“. Der Sohn oder die Tochter sollen einmal den elterlichen Betrieb übernehmen und ihre Mitarbeiter dann selbst so prägen, wie sie es für richtig halten. Das Problem dabei ist eine gewisse Stagnation. Die Belegschaft altert und kann eventuell später dem ständig steigenden Leistungsdruck nicht mehr standhalten. Außerdem wirkt sich dann auch die homogene Altersstruktur negativ auf das Lohngefüge aus.

Stattdessen sollte man in regelmäßigen Abständen junge Fachkräfte ausbilden. Dank der Subventionen durch die Versorgungskassen ist die Ausbildung im Handwerk für Betriebsinhaber unter gewissen Voraussetzungen sehr kostengünstig. Wichtiger ist jedoch, dass man auf diese Weise die Altersstruktur im Betrieb durchmischt und für einen „gesunden“ Personalwechsel sorgt. Den Stamm aus zuverlässigen Mitarbeitern muss man natürlich pflegen, doch zugleich verhindern, dass sich das Unternehmen von den eigenen Mitarbeitern abhängig macht. Eine kontrollierte Personalrotation bzw. Zuwachs ist für das Unternehmen und sein Wachstum förderlich.

Mit dem „Leitfaden“ die richtigen Mitarbeiter finden

Wirklich fähiges Personal wechselt häufig nicht (oder nicht nur) wegen des Geldes. Es geht um mehr: Einige Mitarbeiter des mittleren Managements verlassen einen Betrieb, weil durch den neuen Juniorchef oder betriebsbedingte Umstände die Arbeit unerträglich geworden ist oder sie die Entscheidungen der Geschäftsführung nicht mittragen möchten.

Um solche grundlegenden Abweichungen bei der Interpretation der Firmenstrategien zu vermeiden, hilft ein Firmenleitfaden. Er definiert Aufgaben und Ziele eines Unternehmens und legt die Art und Weise der Zusammenarbeit fest. Ein künftiger Mitarbeiter kann überprüfen, ob die Werte und Erwartungshaltungen des Unternehmens mit seinen eigenen Vorstellungen übereinstimmen, und sich für oder gegen eine Bewerbung entscheiden. Insofern schließt der Leitfaden bestimmte Bewerbergruppen aus beziehungsweise öffnet sich für andere. Auf jeden Fall hilft er bereits im Vorfeld, Missverständnisse zu vermeiden.

Kontinuität durch Unternehmens-„Knigge“

Überdies garantiert der Leitfaden Kontinuität. Selbst wenn in einem wachsenden Unternehmen der Inhaber nicht mehr direkt mit Auszubildenden und Mitarbeitern zusammenarbeitet, bleiben sein Einfluss und sein Führungsstil erhalten. Der Leitfaden ist die Richtschnur, an die sich die Mitarbeiter halten müssen - der Knigge des Unternehmens, der die Verhaltensregeln normiert. Auch wenn das mittlere Management Veränderungen in der alltäglichen Arbeit durchführt, müssen die Richtlinien im Verhalten gegenüber Kunden beachtet werden. Das kann jederzeit von jedem Mitarbeiter eingefordert werden.

Wie man gute Mitarbeiter führt, Missverständnisse vermeidet und vor allem motiviert, wird in Teil II, Kapitel 6 „Mitarbeiterführung“ ausführlich dargelegt.

8. Finanzplanung

Aufgabe des Unternehmers ist es, dauerhaft für eine **angepasste Liquidität** zu sorgen. Er muss sicherstellen, dass immer ausreichend Geldmittel zur Verfügung stehen, damit die laufenden Zahlungsverpflichtungen erfüllen werden können.

Der Unternehmer sollte deshalb in der Lage sein, seinen langfristigen und kurzfristigen Kapitalbedarf zu ermitteln.

1. **Langfristiger Kapitalbedarf**

   Unter Berücksichtigung der Umsatzgrößen und Zahlungseingänge werden langfristig alle Kontobewegungen festgestellt. Eventuell sind auch saisonale und konjunkturelle Schwankungen mit einzubeziehen. Ziel ist die Ermittlung des durchschnittlichen Betriebsmittelbedarfs, d. h. auch der Kreditlinie.

2. **Kurzfristige Finanzplanung**

   Dabei handelt es sich um eine Übersicht über kurzfristige Geldbewegungen (maximal vier Wochen). Dieser Plan wird wöchentlich aktualisiert. Der gesamte Geldverkehr, d. h. alle Eingangs- und Ausgangszahlungen werden dokumentiert. Ziel ist eine zeitnahe Kontrolle der einzelnen Finanzpositionen.

Der Unternehmer erkennt bereits zu einem frühen Zeitpunkt, zu dem er noch keine zusätzliche Liquidität benötigt, wann diese benötigt wird. Daraufhin kann er sich bei seinem Finanzpartner entsprechend melden. Zugleich gibt er eine Prognose ab, zu welchem Zeitpunkt sich die Finanzlage wieder entspannt. So kann er vermeiden, in eine Engpasssituation zu geraten. Erkennt er im Vorfeld Engpässe, kann er sie rechtzeitig seinem Finanzpartner ankündigen, sodass auch dieser Zeit zu reagieren hat.

Was kann man zur Vermeidung von Liquiditätsengpässen unternehmen?

- zeitnahe Rechnungen nach Projektabschluss stellen
- mehrere Teilrechnungen stellen
- realistische Zahlungsziele vereinbaren
- funktionierendes Mahnwesen installieren

8.1 Wie errechnet man seinen Kapitalbedarf?

Das Kapital setzt sich aus Anlage- und Umlaufvermögen zusammen. Zum **Anlagevermögen** gehören Gebäude, Maschinen, Grundstücke etc. Das **Umlaufvermögen** errechnet sich aus dem täglichen Aufwand multipliziert mit der Kapitalgebundenheit unter Beachtung aller Vorräte und Waren, geleisteten Anzahlungen, Forderungen, Wertpapiere und Bankguthaben. In der Regel ist das Anlagevermögen geringer als das Umlaufvermögen. Der Eigenkapitalanteil sollte höher als der Fremdkapitalanteil sein. Das trifft in der Baubranche leider häufig nicht zu.

Den Kapitalbedarf errechnet man über den **Arbeitsaufwand der Stunde** (siehe Teil 1, Kapitel 4 „Wie sieht eine richtige Kalkulation aus?") und über die **Kapitalgebundenheit**. Diese bezieht sich auf den Geldkreislauf von Ausgaben und Einnahmen eines Projekts. Die simple Frage lautet: „Wie lange braucht das Geld, bis es ins Unternehmen zurückkommt?" Denn jeder Euro, den man ausgibt, muss über eine Rechnung am Ende wieder hereinkommen.

Die Kapitalgebundenheit ergibt sich aus den Faktoren Lager-, Ausführungs-, Abrechnungs- und Zahlungsdauer. Sie summiert sich durchschnittlich zu 105 Tagen (übliches Zahlungsverkehrsverhalten). Bei dieser Zahl geht man von Außenständen aus, die nach 48 Tagen bezahlt werden (zum Vergleich: gutes Zahlverhalten nach 30 Tagen, mittleres nach 45 Tagen, schlechtes nach 60 Tagen und ganz schlechtes Zahlungsverhalten nach 90 Tagen).

Berechnung des Kapitalbedarfs

Aktiva (Kapitalverwendung)	**Passiva** (Kapitalherkunft)
Anlagevermögen	**Eigenkapital**
Umlaufvermögen	**Fremdkapital**

Kapitalbedarf =
Anlagevermögen + Umlaufvermögen

a) Anlagevermögen
Grundstücke, Gebäude, Maschinen
Gerüste, Werkzeuge, Fuhrpark,
Lager- und Werkstattausstattung etc.

b) Umlaufvermögen
(täglicher Aufwand x Kapitalgebundenheit)

Aufwand pro Stunde	**Beispiel**
Materialeinsatz	13,00 €
Lohneinsatz	12,60 €
sonstige kurzfristige ausgabewirksame Aufwendungen (ca. 115 % des Lohneinsatzes)	14,49 €
Gemeinkostenanteil je Std. ca.	21,96 €
Aufwand je Arbeitsstunde	**62,05 €**

Kapitalgebundenheit	**Beispiel**
Lagerdauer	**32 Tage**
Ausführungsdauer	**10 Tage**
Abrechnungsdauer	**15 Tage**
Dauer der Außenstände	**48 Tage**
Kapitalgebundenheit	**105 Tage**

Berechnung des Betriebsmittelbedarfs

Nachdem der Kapitalbedarf berechnet wurde, kann nun der Betriebsmittelbedarf errechnet werden.

Beispiel

Ausgehend von einem durchschnittlichen Arbeitslohn von 51,- €/Stunde und einer Kapitalgebundenheit von 105 Tagen würde man bei zehn Mitarbeitern auf einen Bedarf von monatlich 111.000,- Euro kommen (siehe auch Teil I, Kapitel 4, Seite 32 ff.).

Materialeinsatz	(13,00 € x 7,8 Std. x 105 Tage)	10.647,00 €
Lohnkosten	(12,60 € x 7,8 Std. x 73 Tage)	7.174,44 €
Lohnnebenkosten	(115 % auf die Lohnkosten)	8.839,94 €
Gemeinkosten	(21,96 € x 7,8 Std. x 73 Tage)	12.504,02 €
= Betriebsmittelbedarf je Monteur (105 Tage)		39.165,40 €
Liquidität monatlich: gerundet 39.000,- € : 105 Tage x 30 Tage = 11.150,- €/Monat		
Fazit: Bei 10 Monteuren werden Betriebsmittel von ca. 111.000 € benötigt (gerundet)!		

Berechnung des Betriebsmittelbedarfs je produktiv Beschäftigtem

Unter der Voraussetzung, dass man innerhalb von 48 Tagen sein Geld bekommt, benötigt man pro Monteur 11.000,- € (aus Eigen- oder Fremdkapital). Bei zehn Monteuren müsste man also im laufenden Betrieb Rechnungen über mindestens 27.750,- € pro Woche ausstellen, um auf 111.000,- € monatlich zu kommen. Schafft man es nicht, diesen Betrag wöchentlich in Rechnung zu stellen, erhöhen sich die Monatsforderungen.

Während für kleinere Baustellen das Geld relativ schnell umläuft, muss man bei Baustellen, die zwei Monate oder mehr dauern, entsprechend länger auf das Geld warten. Wenn man sich dann auch noch permanent im Kontokorrent bewegt, reicht schon ein einziger Ausfall, um das Unternehmen in die Zahlungsunfähigkeit zu treiben. Für diese Zeiten muss der Unternehmer Finanzpuffer einbauen.

Kurzfristige Finanzpläne

	KW	KW	KW
Zahlungseingänge/Forderungen			
sonstige Zahlungseingänge			
Zahlung Verbindlichkeiten			
Material- bzw. Warenkosten			
Personalkosten			
Betriebskosten			
Kfz-Kosten			
Finanzkosten			
sonstige Kosten			
Investitionen			
Privatentnahmen			
Zahllast MwSt.			
Summe Geldeingänge			
Summe Geldausgänge			
Überschuss (+)/Defizit (-)			
Übertrag Liquidität Vorwoche			
Liquiditätsbedarf/Überschuss kumuliert			

Forderungsliste		
Kunde 1	15.520,- €	fällig am ...
Kunde 2	12.213,- €	fällig am ...
Verbindlichkeiten:		
Lieferant 1	4.234,- €	fällig am ...
Lieferant 2	1.222,- €	fällig am ...
Rechnung 1	101,- €	fällig am ...
Rechnung 2	55,- €	fällig am ...
usw.		

Beispiel für einen kurzfristigen Finanzplan

Gerät ein Unternehmen in eine finanzielle Schieflage, fordert die Bank häufig die Vorlage kurzfristiger Finanzpläne, die einen Überblick über die wöchentlichen Zahlungsein- und -ausgänge verschaffen. So lästig das Aufstellen solcher Pläne ist, kann es doch helfen, Schwachstellen im Zahlungsverkehr aufzudecken und das Unternehmen vor größerem Schaden zu bewahren.

In Krisenzeiten plant man die Zahlungseingänge gegen die -ausgänge und vergleicht anhand des Kontostands die Liquiditätsentwicklung (Überschuss oder Unterdeckung). So kann man die Kontoentwicklung planen. Dabei helfen auch zwei Listen, in denen man Verbindlichkeiten und Forderungen notiert. Die Verbindlichkeiten weisen auf wichtige Zahlungen hin, die man unbedingt leisten sollte, will man Schaden vom Unternehmen abwenden. Die Forderungsliste weist auf offene Forderungen hin, die man zeitnah stellt oder anmahnt. Sobald Zahlungen eingehen, können in gleicher Höhe Verbindlichkeiten bezahlt werden.

Langfristiger Finanzplan

Ziel sollte aber ein langfristiger Finanzplan sein. Mit diesem Instrument kann über einen längeren Zeitraum der Kapitalbedarf unter Berücksichtigung saisonaler und konjunktureller Schwankungen ermittelt werden. Welche Budgetlinie hat man? Besonders wenn viel mit Fremdkapital gearbeitet wird, bewegt man sich schnell am oberen Limit der Kontokorrentlinie. Der Kontokorrentkredit (Geschäftskredit für kurzfristige Zwischenfinanzierungen) ist die teuerste Form der Bankfinanzierung. Er sollte möglichst selten und kurzfristig in Anspruch genommen werden. Wird über das laufende Jahr ein permanenter Kredit nötig, sollte man ihn möglichst in einen langfristigen umwandeln. Dieser ist zinsgünstiger und schafft für die laufende Liquidität mehr Flexibilität. Um die genaue Kreditlinie zu bestimmen, wird in einem langfristigen Finanzplan ein durchschnittlicher Finanzmittelbedarf berechnet. Dies ist insbesondere bei expandierenden Unternehmen notwendig, damit sie bei der Bank entsprechende Mittel bewilligt bekommen.

Handwerksbetriebe in der Baubranche sind risikobehaftet. Kaum eine Bank erhöht ihnen freiwillig die Kontokorrentlinie. Wer aber im Vorfeld seinen genauen Geldbedarf auslotet und dabei konkret feststellt, zu genau welchem Zeitraum er finanzielle Mittel benötigt, erleichtert damit die Verhandlungen mit seiner Bank. Denn diese soll ja die Kreditlinie einräumen, die man mit dem langfristigen Finanzplan ermittelt hat.

Notwendige Informationen für die langfristige Finanzplanung

Um alle für die Finanzplanung erforderlichen Informationen zu erhalten, muss sich das Unternehmen über eine Reihe von Fragen Klarheit verschaffen, z. B.:

- Wie viel Zeit liegt zwischen Leistung und Rechnungsstellung?
- Bei welchen Aufträgen stellen wir wie viele Teilrechnungen?
- Wie ist unser Zahlungsverhalten? Zahlen wir unsere Rechnungen pünktlich und nutzen wir Skonti und zusätzliche Lieferantenkredite?
- In welchem Verhältnis stehen die tatsächlichen Zahlungseingänge zu den Zahlungszielen?
- Mahnen wir säumige Zahler konsequent?
- Wie ist die Struktur unserer Aufträge hinsichtlich folgender Fragen:
  - Welche Rechnungssummen werden schnell bezahlt? In der Regel sind es die kleineren Beträge.
  - Welche Kunden halten sich an die vereinbarten Zahlungsziele? Manche Kunden haben feste „Zahltage“, z. B. einmal in der Woche, an

denen sie alle Rechnungen überweisen. Dieses Zahlungsverhalten kann man in die Analyse der eigenen Finanzsituation einbeziehen. Am schlechtesten werden Zahlungstermine bei Großprojekten öffentlicher Auftragsgeber eingehalten. Zwar kann man Zinsen bei Nichteinhaltung einklagen, aber aufgrund von bürokratischen Abläufen muss man u. U. sehr lange warten und in der Zwischenzeit große Summen vorfinanzieren. Das heißt, man muss wissen, bei welchen Aufträgen man es sich leisten kann, sie anzunehmen.

– Welche Projekte sind kapitalgebunden und verzögern den Geldrückfluss?

8.2 Umgang mit der Bank

Das Bankhaus ist ein ständiger Begleiter und Partner Ihres Unternehmens. Im Sinne einer vertrauensvollen und guten Geschäftsbeziehung ist es wichtig, sich regelmäßig (mind. einmal jährlich) zu einem gemeinsamen Gespräch zu treffen, um sich über Rahmenbedingungen/Konditionen und die aktuelle Situation und Entwicklung Ihres Unternehmens auszutauschen. Die Bank Ihres Vertrauens ist nicht Ihr Feind, sondern Ihr Verbündeter - Ihr Erfüllungsgehilfe für Ihren Unternehmenserfolg.

Dabei muss Ihnen klar sein, dass Ihr Unternehmen einer von vielen Klienten Ihrer Bank ist und die Sichtweise Ihrer Unternehmenssituation aus dem Blickwinkel eines Finanzdienstleistungsunternehmen hauptsächlich von betrieblichen Kenn- und Verhältniszahlen, von Branchenindikationszahlen bzw. -indeces beeinflusst wird und vor allem, wie sich Ihr Geldverkehrsverhalten in Hinblick auf Liquidität und Wertschöpfung entwickelt hat. Im Fokus der Bewertung und Beurteilung liegen immer die Kosten- und Umsatzentwicklung und das damit verbundene Betriebsergebnis. Nachdem das Thema Rating hauptsächlich das finanztechnische Controlling übernommen hat und der Mensch in der Einschätzung und Beurteilung der individuellen Situation und Entwicklung eines Unternehmens immer mehr in den Hintergrund gerät, ist es umso wichtiger, das Bankhaus frühzeitig und laufend mit werthaltigen Informationen zu versorgen, um eventuellen nachteiligen Risikoeinstufungen bzw. Einschätzungen entgegenwirken zu können.

Unternehmen sind gegenüber der Bank nach § 18 Kreditwesengesetz (KWG) zur Offenlegung bestimmter Unterlagen verpflichtet. Dazu gehören:

- Jahresabschluss
- Einkommensteuererklärung/-bescheid bei Personengesellschaften/Einzelfirmen
- Vermögens- und Schuldenübersicht.

Darüber hinaus ist ein regelmäßiges persönliches Gespräch mit der Bank ratsam. Hier einige Tipps für diesen Termin:

Denkweise der Banken – das Selbstverständnis von Zahlen

Die Grundeinstufung eines Unternehmens hinsichtlich der Bonität und Risikobewertung wird über eine interne Branchenbewertung getroffen. Sind Sie in einem Wirtschaftszweig tätig, der mit hohen Insolvenzrisiko oder höheren Forderungsausfällen behaftet ist, so wird Ihr Unternehmen in der Grundeinstufung dem Risikoniveau angepasst, auch wenn es speziell auf Ihr Unternehmen aus subjektiver Sicht nicht zutreffen mag.

Die Analytik der Bankinstitute basiert auf Vergleichszahlen und Ergebnissen von branchengleichen und artverwandten Unternehmen. Dabei spielen betriebswirtschaftliche und branchenspezifische Kennzahlen eine tragende Rolle.

Viele der Bankkunden verstehen in der Regel diese Kenn- und Verhältniszahlen nicht. Doch in jedem Unternehmen gibt es kalkulatorische Grundlagen, die den Grundstein für den Unternehmenserfolg legen sollten. Vor allem in wirtschaftlich schwierigen Zeiten geht es in der Analyse oder Nachbereitung eines Geschäftsjahres darum, sachlich und fundiert zu erklären, wie und unter welchen Umständen dieses Betriebsergebnis zustande gekommen ist.

Dabei helfen Kennzahlen aus der täglichen Arbeit, die die Unternehmerkompetenz untermauern und einen sachlichen Beitrag dazu leisten, das Bilanzergebnis aus Sicht des Unternehmers zu verstehen und zu bewerten.

Daher ist es wichtig, sich in der Sprache und Denkweise der Banken „richtig vorzubereiten".

Roter Faden für das Bankgespräch

In der Regel sollte ein Jahresgespräch mit der Bank/Bilanzbesprechung nicht vom Unternehmer allein, sondern in Begleitung seines Steuerberaters erfolgen. Der Steuerberater kann auf alle buchhalterischen Fragen und Detailfragen zum Jahresabschluss kompetent Auskunft erteilen und Sie bei Ihrer Gesprächsführung entsprechend unterstützen.

In der Regel laufen solche Bilanzgespräche immer nach dem gleichen Schema ab:

1. **Begrüßung – aktuelle persönliche Situation/Befinden**

Dieser Termin ist einer der wichtigsten im Jahr. An diesem Tag sollten Sie sich von Ihrer besten Seite zeigen. Kompetent, souverän und sicher im Auftreten und in der Argumentation. Also nehmen Sie sich genug Vorlaufzeit mit. Vielleicht treffen Sie sich mit Ihrem Steuerberater ca.

15 min. vor dem Termin für eine letzte Abstimmung und besprechen nochmals kurz die Gesprächsstrategie.

2. **Aktuelle betriebliche Situation (Frage: Zukunftsprognose – Ausblick?)**

Es ist immer wichtig, authentisch zu bleiben. Große Euphorie ist ebenso kontraproduktiv wie übertriebener Pessimismus. Antwort und Reaktion sollten den Umständen angepasst formuliert sein, ohne große Emotionen.

3. **Bilanzbesprechung (Gewinn- und Verlustrechnung – Kennzahlenvergleich – aus Sicht der Bank)**

An dieser Stelle spricht in erster Linie der zuständiger Sachbearbeiter der Bank mit dem Steuerberater.

Praxistipp: Bleiben Sie in dieser Phase der Gesprächsführung ruhig und konzentriert bei der Sache. Folgen Sie dem Gesprächsverlauf aufmerksam, aber antworten Sie nur, wenn Sie konkret gefragt werden. Falls Sie sich in der Antwort unsicher sind, leiten Sie die Frage mit einem Blick zu Ihrem Steuerberater weiter. Er wird in Ihrem Sinne richtig antworten.

4. **Ergebnisbewertung/Kostenentwicklung**

Egal wie sich die wirtschaftlichen Verhältnisse in Ihrem Unternehmen darstellen: An diesem Punkt der Agenda gibt es immer Gesprächsbedarf. Vonseiten der Bank kommt immer der mahnende Zeigefinger, die Kosten im Blick zu behalten und Einsparpotenziale zu suchen. Dabei spielt die Unternehmerentlohnung in der Regel auch eine gravierende Rolle. An dieser Stelle sind die Vertreter der Banken gerne geneigt, sogenannte Fangfragen zu stellen, wie z. B.:

- Hätte aus Ihrer Sicht das Betriebsergebnis höher sein können?
- Wäre z. B. diese Investition wirklich notwendig gewesen?
- Warum konnten Sie z. B. diesen Forderungsausfall nicht verhindern?

Praxistipp:

Springen Sie nicht gleich auf jeden Zug auf, der an Ihnen vorbeifährt. Fakt ist: Das Ergebnis, das vorliegt, dokumentiert die Vergangenheit. Diese ist gelebte Realität und nicht mehr veränderbar. Solche Fragen zielen nur darauf ab, schnelle, spontane Reaktionen zu provozieren, die oft unter Druck des Befragten eine falsche Reaktion oder Antwort bringen. Meistens können solche Fragen sowieso nicht mit einem Satz fundiert und kompetent beantwortet werden. Also stellen Sie die Frage höflich zurück. Sie können später bei Ihren Ausführungen an passender Stelle diese Frage aufgreifen und konkret beantworten.

5. Bilanzanalyse aus Sicht des Unternehmers

Bei diesem Punkt liegt es an Ihnen, das Wort zu ergreifen und das Gespräch zu führen. Auch hier gilt, wie im gesamten Gesprächsverlauf, Inhalte und Ausführungen strukturiert vorzutragen. Dabei ist es wichtig, mit eigenen Worten und der nötigen Fachkompetenz zu erläutern, welche Faktoren und Einflüsse für dieses Betriebsergebnis verantwortlich waren.

Sie müssen sich bewusst machen, dass ein Teil Ihrer Ratingeinstufung in der Bewertung/Einstufung Ihrer Unternehmerkompetenz liegt. Ihr zuständiger Banksachbearbeiter muss nach diesem Gespräch Ihre persönlichen und fachlichen Fähigkeiten bewerten. Dabei spielen Faktoren wie analytisches Denken und Handeln, Risikomanagement, Innovationskraft und zukunftsorientierte Perspektiven eine gewichtige Rolle.

Es ist immer hilfreich, wenn Sie Ihre Ausführungen auch schriftlich dokumentieren, sodass sich auch Dritte vonseiten der Bank ein Bild über die Unternehmenssituation machen können. Oftmals entscheidet nicht immer die Person, mit der Sie sprechen, über die künftigen Konditionen und Finanzrahmen, sondern Leute, die im Hintergrund sitzen.

Praxistipp:

Bleiben Sie in ihren Ausführungen sachlich und konkret. Verknüpfen Sie die sachlichen Tatbestände mit unternehmerischem Denken und Handeln. Untermauern Sie Ihre Ausführungen mit konkreten Punkten und erklären Sie mit Ihren Worten, warum sich die Inhalte so darstellen.

Dabei ist es wichtig, eventuell gemachte Fehler und Entscheidungen zu analysieren und diese auch einzugestehen. Aber auch außergewöhnliche Tatbestände sind hervorzuheben, um vielleicht einer falschen Bewertungen/Einschätzung vorzubeugen.

6. Zukunftsaussichten/Prognosen

Bei diesem Gesprächspunkt gilt für Sie, die Zukunft zu planen und zu gestalten. An dieser Stelle im Gespräch gilt immer die Devise: Optimismus und Zuversicht!

Sie sind Unternehmer! Sie tun alles, was notwendig ist, Ihr Unternehmen sicher in die Zukunft zu führen und die Existenz zu sichern. Dabei ist es wichtig, „glaubwürdig" zu sein und authentisch zu bleiben.

Legen Sie Ihre individuelle Unternehmensplanung für das nächste Jahr vor, und lassen Sie sich im nächsten Jahr an Ihrer Planung messen, das ist die Herausforderung.

Arbeitsunterlage: Unternehmensjournal

Ein Unternehmensjournal soll Ihr unternehmerisches Denken und Handeln schriftlich dokumentieren. Mit diesem Hilfsmittel können Sie intern Ihre betriebswirtschaftliche Situation selbst prüfen und Ihre Zukunftsstrategie darauf aufbauen. Folgende Themeninhalte sollte Bestandteil dieser Unterlage sein:

- allgemeine Analyse des vergangenen Geschäftsjahres
- Umsatzanalyse des abgelaufenen Geschäftsjahres
- Prognose für das nächste Geschäftsjahr
- Strategiemaßnahmen/Sofortmaßnahmen
- Investitionen
- Umsatzplanung
- Umsatzentwicklung (Vergleich)
- Gewinnprognose
- langfristige Unternehmensentwicklung
- Auftragsbestand

Praxistipp:

Verfallen Sie an diesem Punkt nicht in Euphorie, sondern signalisieren Sie positiven Optimismus. Denken Sie immer daran, Sie werden an allen Ihren Prognosen gemessen. Wenn Sie zu oft mit Ihren Einschätzungen danebenliegen, dann verlieren Sie das Vertrauen!

7. Unterlagen/Dokumentationen

In Verbindung mit Bankgesprächen sind Ihrerseits Unterlagen, die Sie der Bank zu Verfügung stellen, ebenso wichtig wie umgekehrt. Nach dem Motto „Wer schreibt, der bleibt" kann eventuellen Stimmungsschwankungen der Banken mangels Informationspflicht oder fehlender Unterlagen vorgebeugt werden. Machen Sie sich Ihre Bank zu Ihrem Verbündeten! Sehen Sie dieses jährliche Gespräch als Chance und Herausforderung, sich der Vergangenheit bewusst zu werden, aus Fehlern zu lernen und sich optimal auf die zukünftigen Aufgaben vorzubereiten! Der Nebeneffekt ist, Sie fokussieren und programmieren sich bei dieser Arbeit auf genau die Faktoren, die Sie in der täglichen Arbeit Ihren definierten Zielen näher bringen, und er sensibilisiert Sie frühzeitig dafür, nicht wieder die gleichen Fehler zu machen.

8.3 Unternehmensrisiko senken

Stellen Sie sich vor, Sie werden krank und sind für mehrere Monate arbeitsunfähig. Sind Ihre Mitarbeiter in der Lage, den Betrieb im Unternehmen aufrechtzuerhalten? Kann allen Zahlungen nachgekommen werden? Können weiter Rechnungen gestellt werden? Ist die Lohnverrechnung gesichert? An dieser Stelle hilft ein Notfallplan weiter.

Notfallplan

Besonders empfindlich betroffen von einer solchen Notsituation sind Klein- und Kleinstbetriebe, bei denen der Chef alle wichtigen Funktionen übernimmt. Sobald es mehrere Mitarbeiter und Büroangestellte gibt, sollte unbedingt ein Notfallplan erstellt werden. Basis dafür kann beispielsweise eine Notfallordner sein, in dem alle wichtigen Informationen über das Unternehmen, Ansprechpartner, aber auch Passwörter und Zugangsdaten hinterlegt sind.

Zu einem Notfallplan gehört es auch, wichtige Funktionen des Unternehmens auf mehrere Personen aufzuteilen. Jeder muss über den Kenntnisstand und die Fähigkeiten der anderen Verantwortlichen verfügen und im Notfall wissen, was zu tun ist.

Der Unternehmer kann die Wirksamkeit des Notfallplans am besten testen, wenn er in den Urlaub geht. Je länger sein Fernbleiben vom Betrieb möglich ist, ohne dass der laufende Betriebsablauf beeinträchtigt ist, desto besser ist seine Notfallstrategie.

Zur Absicherung solcher Risiken sollten bzw. müssen Sie als Handwerksunternehmer auch einige Versicherungen abschließen.

Private Versicherungen

- **Berufsunfähigkeitsversicherung**

  Als Selbstständiger sind Sie nicht mehr Mitglied der gesetzlichen Rentenversicherung. Sie sollten deshalb mit einer privaten Berufsunfähigkeitsversicherung den (teilweisen) Verlust Ihrer Arbeitskraft absichern.

- **Krankenversicherung**

  Prüfen Sie, ob eine private oder gesetzliche Krankenversicherung für Sie die bessere Variante ist. Verzichten sollten Sie darauf auf keinen Fall!

- **Private Haftpflichtversicherung**

  Wenn Sie jemandem einen Schaden zufügen, müssen Sie dafür haften. Sobald es um Personenschäden geht, können Regressansprüche sehr teuer werden, weswegen eine private Haftpflichtversicherung ebenfalls unverzichtbar ist.

- **Private Altersvorsorge**

  Sobald man nicht mehr Mitglied in der gesetzlichen Rentenversicherung ist, muss man privat für das Alter vorsorgen, z. B. durch Lebens- oder Rentenversicherungen.

- **Hausratversicherung**

  Ihre Habe wird gegen Feuer, Diebstahl, Leitungswasser etc. versichert.

- **Verkehrs-Rechtsschutz**

  Da Mobilität für Selbstständige sehr wichtig ist, macht ein Verkehrs-Rechtsschutz durchaus Sinn. Bestimmte Verträge sichern auch den Rechtsschutz für den privaten und beruflichen Bereich zu.

Betriebliche Versicherungen

- **Betriebs-Haftpflichtversicherung**

  Sie als Unternehmer haften für alle Schäden, die durch den Betrieb, auch durch die Mitarbeiter, verursacht werden. Die Risiken können hoch sein und sollten auf jeden Fall versichert werden.

- **Betriebs-Inhaltsversicherung**

  Die gesamte Betriebseinrichtung einschließlich aller Warenvorräte werden gegen Feuer, Leitungswasser, Diebstahl, Erdbeben etc. versichert und so existenzbedrohende Schäden vermieden.

- **Betriebs-Unterbrechungsversicherung**

  Sie sichert (in der Regel maximal bis zu einem Jahr) den Verdienstausfall ab, der Folge eines Betriebsunfalls wie Zerstörung des Lagers oder Produktion durch Brand ist. Die Versicherungsleistung sollte etwa dem Jahresumsatz entsprechen.

- **Versicherung elektronischer Anlagen**

  Hochwertige Anlagen wie Computer, Kopierer usw. können gegen Schäden aller Art, auch durch Fehlbedienung, abgesichert werden.

- **Firmen-Rechtsschutz**

  Wenn Sie Mitarbeiter beschäftigen, ist ein Firmen-Rechtsschutz, z. B. für Auseinandersetzungen vor dem Arbeitsgericht, oder bei Streitigkeiten über gemietete Geschäftsräume, sinnvoll.

Teil II: Der Unternehmer

1. Persönliche Ziele des Unternehmers

Sehr viele, die sich selbstständig machen, geben als Motiv an, dass sie ihr eigener Chef sein möchten. Den wenigsten sind aber auch die Schattenseiten einer Selbstständigkeit bekannt. In Wirklichkeit arbeitet der Unternehmer nämlich keineswegs nur für sich, sondern auch für andere: die Bank, Mitarbeiter, Kunden, Familie, Finanzamt ... Statt wirklich „frei" zu sein, findet er sich schnell in einem Netz aus Verpflichtungen wieder.

Zugleich steht der Unternehmer unter ständiger Beobachtung. Sein geschäftliches wie privates Umfeld registriert seine Aktivitäten. Weder Umbauarbeiten in der Firma und neue Firmenfahrzeuge noch Urlaub und Hausbau bleiben verborgen, und manchmal wird der Unternehmer mit missgünstigen Reaktionen konfrontiert. Unterstellungen wie „Das neue Auto ist sicherlich durch überhöhte Preise finanziert" sind nicht selten zu vernehmen. Oder Mitarbeiter sind der Meinung, dass ihr Fleiß und Einsatz das neue Fahrzeug mitfinanziert haben, anstatt dass sie selbst entsprechend belohnt werden. Durch solche Einflüsse gerät der Unternehmer leicht unter gesellschaftlichen Druck, und so mancher beginnt sich nach außen zu verstellen.

Dabei sieht seine Umgebung nur eine Seite der Medaille. Was von Außenstehenden häufig nicht wahrgenommen wird, sind Zeiten an Abenden und Wochenenden, an denen der Betriebsinhaber Rechnungen und Angebote schreibt - und niemand erfährt es, wenn er wieder einmal den Urlaub verschiebt, weil ein wichtiger Kunde seinen persönlichen Einsatz erwartet.

Unter diesen schwierigen Bedingungen ist es umso wichtiger, sich seine Ziele immer wieder bewusst zu machen und regelmäßig zu überprüfen, ob sie überhaupt noch verfolgt werden. Was sind also die persönlichen Motive und Zielsetzungen eines Unternehmers?

Welche Motive sprechen für die Selbstständigkeit?

1. Qualität der (Zusammen-)Arbeit

Die Selbstständigkeit bietet grundsätzlich die Möglichkeit, sich frei zu entscheiden, welche Arbeit/Tätigkeit mit wem und in welchem Umfeld erledigt wird.

2. Finanzielle Unabhängigkeit

Das unternehmerische Risiko geht einher mit der unternehmerischen Chance auf Gewinn. Finanzielle Unabhängigkeit, zumal ohne private Schulden, ist sicher ein realistisches Ziel für jeden Betriebsinhaber.

Gleichwohl sind Schulden zu Beginn der Selbstständigkeit oft nicht zu vermeiden. Betriebliche Kredite, Familiengründung und/oder ein privater Hausbau verstärken den finanziellen Druck. Allerdings sind gerade das Eigenheim und andere Immobilien wiederum eine Investition, die langfristig auch dem Unternehmen zugutekommt.

Mit einer langfristigen Planung sichert der Unternehmer nicht nur seine eigene Zukunft, sondern auch die Arbeitsplätze seiner Mitarbeiter. Er geht sorgfältig mit seinen finanziellen Mitteln, aber auch mit den Bedürfnissen seiner Mitarbeiter um. Sein Wohlergehen ist abhängig vom Zustand seines Unternehmens. Geht es dem Unternehmen gut, geht es auch dem Unternehmer gut.

3. Zeit

Für fast jeden Selbstständigen ist es ein persönliches Ziel, seine Zeit flexibel und „frei" einteilen zu können. Das bedeutet auch, mehr freie Zeit für sich selbst zu haben. Persönliche „Freizeit" bedeutet mehr Lebensqualität. Genau diese Qualität wünschen sich viele Unternehmer im Handwerk. Die wenigsten können sie jedoch umsetzen. Um dieses Ziel zu erreichen, sind vernünftiges Zeitmanagement und klare Organisationsstrukturen im Unternehmen absolute Voraussetzungen.

4. Erfolg und Anerkennung

Der unternehmerische Erfolg sowie die gesellschaftliche und/oder familiäre Anerkennung sind Ziele, für die man einen langen Atem braucht. Sie zählen zu den stärksten Motivationsfaktoren, über die ein Unternehmer bei seiner täglichen Arbeit verfügen sollte.

Ziele überprüfen

Ziele müssen klar und realistisch definiert sowie in regelmäßigen Abständen überprüft werden. Planungsziele sollten sich auf einen Zeitraum von maximal zwölf Monaten (ein Geschäftsjahr) beziehen. Soll-Ist-Vergleiche, d. h. die Überprüfung von Kosten, Umsätzen und Renditen, sind je Quartal empfehlenswert. Zudem sollte einmal jährlich im Detail kontrolliert werden, ob der Verlauf des vergangenen Geschäftsjahrs oder veränderte Kunden-

oder Aufgabenstrukturen eine Anpassung der künftigen Unternehmensziele erfordern. Richtig gesetzte Ziele sind

1. realistisch und erreichbar,
2. konkret und messbar,
3. sinnvoll und motivierend,
4. bildlich vorstellbar,
5. zeitlich begrenzt und
6. in gewissen Grenzen flexibel.

Minimalziele anstreben

Zu hoch gesteckte Unternehmensziele sind in mehrfacher Hinsicht kontraproduktiv. Sie sind nur schwer zu erreichen. Ein verfehltes Ziel demotiviert und weckt Unmut, Misstrauen und Ungeduld. Und bei Ihrer Bank oder Ihren Mitarbeitern verlieren Sie schleichend an Glaubwürdigkeit, wenn sich Prognosen wiederholt nicht erfüllen.

Hingegen ist die Erreichbarkeit von etappenweisen Zielen realistisch und nachvollziehbar. Damit überzeugen Sie sowohl Mitarbeiter wie auch Ihre Bank und haben Erfolg haben (siehe auch Teil II, Kapitel 5 „Sozialkompetenz“).

Ein Sprichwort besagt: „Der Langsamste, der sein Ziel nie aus den Augen verliert, kommt immer noch besser voran als derjenige, der ohne Ziel umherirrt.“

2. Aufgaben des Unternehmers

Unabhängig davon, in welches Handwerksunternehmen man blickt: Der Chef fühlt sich häufig für alles verantwortlich, er will alles wissen und kontrollieren. Es gibt jedoch natürliche Grenzen.

Meist fehlt in kleinen Unternehmen eine gewisse Personalstruktur, um Managementpositionen zu besetzen, und es liegt auf der Hand, dass der Chef vieles selbst erledigen muss. Für ihn ist es von existenzieller Bedeutung, sich möglichst effektiv und strukturiert zu organisieren. Ansonsten leidet immer derjenige Bereich, der gerade nicht beachtet oder vernachlässigt wird.

Der Unternehmer ist so etwas wie das Maß aller Dinge. Er setzt Impulse, sein Verhalten und seine Arbeitsweise strahlen automatisch auf seine Umgebung ab. Daher sollte er mit Umsicht und Weitsicht alle wichtigen Bereiche in seinem Unternehmen im Auge behalten. Wird ein wichtiger Bereich im Unternehmen über einen längeren Zeitraum vernachlässigt, kann sich dieser schleichend - und manchmal auch sehr schnell - zu einem Problemfeld entwickeln.

Wenn der Chef sich nun nicht schnell darum kümmert, wird es zu einer tickenden Zeitbombe. Sobald es eskaliert, zwingt es den Unternehmer, viel Aufwand und Zeit in die Problembewältigung zu investieren. In dieser Zeit kann sich jedoch ein neuer Krisenherd entwickeln. Schnell entwickelt sich ein Prozess mit einer unkontrollierbaren Eigendynamik, in dem der Unternehmer den Überblick verliert. Auch in dieser Situation gilt für ihn die Devise „Agieren statt reagieren", mit der er seine Prioritäten in der täglichen Arbeit setzen sollte.

Die Aufgaben des Unternehmers unterscheiden sich je nach Betriebsgröße. Im Folgenden sind die Aufgaben für drei Kategorien beschrieben: Kleinstbetriebe mit ein bis vier Mitarbeitern, Kleinbetriebe mit fünf bis zwölf Mitarbeitern und Betriebe mit 13 und mehr Mitarbeitern.

Kleinstbetriebe (ein bis vier Mitarbeiter)

Die Gefahr, dass Sie sich als Kleinstunternehmer um alles alleine kümmern, ist bei einer Betriebsgröße von ein bis vier Mitarbeitern besonders groß. Arbeiten Sie selbst und alle Mitarbeiter auf der Baustelle, ist das einerseits gut, weil (sämtliche) Arbeitsplatzkosten hereingeholt werden. Andererseits fehlt die Zeit für die Akquisition von Neukunden bzw. neuen Aufträgen.

Kleinstbetriebe suchen sich häufig aus Zeitmangel Geschäftspartner, die sie dauerhaft mit Aufträgen versorgen. Dadurch kann ein Abhängigkeitsverhältnis entstehen, in dem sie kaum marktgerechte Preise erzielen, denn der Geschäftspartner will natürlich an der Vermittlung der Aufträge verdienen.

Darüber hinaus ist es in Kleinstbetrieben gar nicht möglich, einen größeren Kundenkreis zu pflegen, da sie nicht über die nötigen Kapazitäten zur Abdeckung der Aufträge verfügen. Andererseits würde ihr Kostenrisiko durch mehr Personal zu hoch. Sie müssen also entscheiden, welchen Kunden sie bedienen.

Einige Geschäftspartner wollen Kleinstbetriebe wegen genau dieses Abhängigkeitsverhältnisses an sich binden. Sie begründen ihre niedrigen Preise mit schneller Bezahlung sowie Folgeaufträgen und stellen das als werthaltigen Vorteil für den Kleinstunternehmer dar.

In solchen Geschäftsbeziehungen gilt es regelmäßig zu überprüfen, ob die Rahmenbedingungen auch langfristig interessant sind. In jedem Fall sind die Haftungsrisiken hinsichtlich Bonität und Gewährleistungen des Partners ständig zu kontrollieren.

Woran erkennen Sie gute Geschäftspartner?

Gute partnerschaftliche Geschäftsbeziehungen erkennen Sie unter anderem daran, dass auf eine auskömmliche Preispolitik für beide Parteien Wert gelegt wird. Dazu gehört auch, dass Rechnungen regelmäßig beglichen werden, unabhängig von Zahlungen der Endkunden. Darüber hinaus müssen ordnungsgemäße Abnahmeprotokolle gefertigt und Abrechnungen aufgeschlüsselt werden, damit man nicht in den Verdacht der Scheinselbstständigkeit gerät.

Kleinstunternehmern ist zu empfehlen, sich gegebenenfalls frühzeitig um neue Kunden bzw. Geschäftspartner zu kümmern, um sich nicht zu sehr von einzelnen Kunden abhängig zu machen. Denn wer sich auf mehrere Standbeine stützen kann, fällt in Krisenzeiten nicht so leicht um.

Kleinbetriebe (fünf bis zwölf Mitarbeiter)

Ein Betrieb mit fünf bis zwölf Mitarbeitern erfordert bestimmte Organisations- und Ablaufstrukturen. Häufig arbeitet der Unternehmer nicht mehr selbst oder nur teilweise auf der Baustelle, sondern kümmert sich um das Angebotswesen (Auftragsbeschaffung), eine entsprechende Arbeitsvorbereitung, das Bestellwesen und eine organisierte Abrechnung.

Je besser die „produktiv" arbeitenden Mitarbeiter - sowohl in menschlicher wie fachlicher Hinsicht - sind, desto weniger „pflegeintensiv" sind sie, und desto mehr Zeit bleibt Ihnen als Unternehmer für Ihre kaufmännischen und organisatorischen Aufgaben.

Bei dieser Betriebsgröße liegen die größten Schwankungen und Risiken in der kontinuierlichen Auslastung und der werthaltigen Beschaffung von Aufträgen. Mit einem Personal von fünf bis zwölf Mitarbeitern können zwar größere Aufträge angenommen werden. Diese erfolgreich abzuwickeln wird jedoch aufgrund der Kapitalbindung und des in der Regel höheren Lohnniveaus schwieriger. Wegen seiner sozialen Verantwortung gegenüber seinen Mitarbeitern entscheidet sich der Kleinunternehmer oftmals dafür, auch schlecht bezahlte Aufträge anzunehmen, nur um seine Belegschaft zu beschäftigen.

Spätestens ab dieser Betriebsgröße ist eine kontinuierliche Auftragsbeschaffung zwingend notwendig. Erst die dauerhafte, gleichmäßige Auslastung der Mitarbeiter ermöglicht ein positives Betriebsergebnis zum Jahresende. Konjunkturelle und branchenspezifische saisonale Schwankungen erschweren natürlich die Auftragsbeschaffung. Genau diesen Schwierigkeiten muss der Unternehmer mit Strategie und Weitsicht begegnen.

Bei dieser Betriebsgröße sollten Sie sich auch von der Vorstellung verabschieden, die Baustelle persönlich überwachen zu müssen. Eine intensive

Betreuung ist aus Zeitgründen nicht mehr möglich. Die Arbeit Ihrer Mitarbeiter können Sie nur noch durch Leistungsfeststellung, Qualitätskontrolle und Zeiterfassung überprüfen. Nun müssen klar formulierte und vereinbarte Verantwortlichkeiten auf Mitarbeiter übertragen werden, um die Ausführungsqualität, den planmäßigen Ablauf der Projekte und den damit verbundenen Informationsfluss im Unternehmen zu gewährleisten.

Bei einer Unternehmensgröße von fünf bis zwölf Mitarbeitern lassen sich Personalkosten für Büro- und Organisationstätigkeiten wie Lohnabrechnung, Zahlungsverkehr, Buchhaltung sowie Angebots- und Rechnungswesen nicht mehr vermeiden. Der Verwaltungsaufwand ist bei zwölf Monteuren nicht überproportional höher als bei sechs. Die Umsatzerlöse sind jedoch in diesem Fall doppelt so hoch, sodass die Umlage der Büropersonalkosten mit zunehmenden Umsatzerlösen sinkt. Es gilt abzuwägen, ab welchem Personalstand an Monteuren eine weitere Arbeitskraft im Büro wirtschaftlich ist. Eine Faustregel für das richtige „Mischungsverhältnis" lautet: **Auf vier Monteure (produktiv) kommt ein Büro-Mitarbeiter (unproduktiv).**

Betriebe ab 13 Mitarbeitern

Ab einer Betriebsgröße von mehr als zwölf Mitarbeitern wird vorausgesetzt, dass alle Unternehmensbereiche gut organisiert und entsprechend besetzt sind. Ein mittleres Management - Montageleiter, Polier, Projektleiter, Personal für Einkauf, Kalkulation, Disposition und dergleichen - mit entsprechenden Gehältern wird notwendig. Ebenso werden Ihnen als Unternehmer selbst neben der fachlichen Kompetenz auch entsprechende Managementqualitäten abgefordert. Fortgesetzte Controlling-Maßnahmen (Nachkalkulation/betriebswirtschaftliche Auswertungen), Risikomanagement, marktorientierte Unternehmensstrategie, Marketing und Vertrieb sowie Personalmanagement gehören dann zu Ihren wichtigsten Aufgabenbereichen.

Unternehmen mit mehr als zwölf Mitarbeitern müssen so strukturiert sein, dass alle Aufgabenbereiche auf entsprechend qualifizierte Personen übertragen werden. Sie selbst haben ja nur noch begrenzte Kapazitäten zur Verfügung. Daher sollten Sie Ihre Aufgaben entsprechend der Bedeutung für das Unternehmen staffeln. Ihre Zeit ist das Wertvollste! Sie sind zuständig für die Aufgaben, die von niemandem sonst erledigt werden können. Versuchen Sie alle Managementaufgaben wie folgt einzuteilen:

- Priorität A: sehr wichtig
- Priorität B: wichtig
- Priorität C: weniger wichtig

Bei expansiver Unternehmensentwicklung werden Sie zunächst die Aufgaben der Prioritätsstufe C an andere delegieren. Bei weiterer Expansion können auch die Aufgaben der Prioritätsstufe B delegiert werden.

Vor- und Nachteile einer Expansion

Das Personal auf mehr als zwölf Mitarbeiter zu erhöhen stellt für die meisten Kleinbetriebe oftmals eine gewaltige Hürde dar, vor der viele zurückschrekken.

Stellen eines mittleren Managements sind nun zu besetzen, und man muss sowohl auf fachliche Qualifikation wie auch auf menschliche Qualitäten achten. Plötzlich teilt man seine Verantwortung mit einer anderen Person, die nun auch die Verantwortung für andere Mitarbeiter übernimmt, mit denen man sich gut versteht. Bei der täglichen gemeinsamen Arbeit hat man zu ihnen eine enge persönliche Beziehung aufgebaut, doch kann sie jetzt nicht mehr so selbstverständlich gepflegt werden.

Häufig bringen neue Mitarbeiter auch eine andere Auffassung von Führung und Kommunikation mit. Auf einmal muss man sich in seinem eigenen Unternehmen mit anderen Führungsstrategien und Kommunikationsstilen auseinandersetzen, und das ist nicht einfach.

Die Einführung einer Managementebene ist zudem mit erheblichem finanziellem Aufwand verbunden. Dabei ist es mit den Kosten für ein Gehalt noch lange nicht getan. Bis ein Mitarbeiter eingearbeitet ist und seine Kosten selbst amortisiert, investiert das Unternehmen in ihn. Es stellt ihm neben seinem Gehalt z. B. auch einen Firmenwagen, Computer usw. zur Verfügung. Während sich der neue Mitarbeiter einarbeitet, bindet er außerdem - zumindest teilweise - zusätzliche personelle Kapazitäten. Eine Einarbeitungszeit von drei bis sechs Monaten ist dabei keine Seltenheit.

Der finanzielle Aufwand für einen Mitarbeiter in dieser Position liegt bei ca. 60.000,- bis 80.000,- € pro Jahr. Bezogen auf den Umsatz können diese Beträge bei einem kleinen Handwerksbetrieb bereits den Überschuss eines ganzen Jahres aufbrauchen.

Die Kosten, die das Unternehmen in einen neuen Mitarbeiter investiert, müssen durch entsprechend zusätzliche Umsätze generiert werden. Gelingt das nicht, hat der Unternehmer im schlechtesten Fall ein Jahr lang umsonst gearbeitet. Viele Unternehmer haben leider nicht die Geduld, bis sich ein neuer Mitarbeiter „rechnet“ und die nötigen Erfolge aufweist.

Wer nicht wagt, der nicht gewinnt.

Die Alternative - nicht zu investieren - kann jedoch einen Teufelskreis bedeuten: Wer eine Expansion „von außen“ nicht wagt bzw. nur über den persönlichen Einsatz zu expandieren versucht, muss selbst sein Leben lang auf Hochtouren arbeiten. Er verbraucht seine körperlichen und geistigen Ressourcen, weil er dauerhaft mit 110 Prozent und mehr arbeitet. Gesundheitliche Schäden wie Bandscheibenvorfälle, Herzinfarkt oder auch private Probleme bleiben dabei häufig nicht aus.

Grundsatz der Existenzsicherung

Wie klein oder groß Ihr Unternehmen auch sein mag: Ihre Zeit ist wichtig und kostbar. Sie sollte immer sinnvoll, effektiv und zielführend eingesetzt werden. Jeder Handwerksbetrieb muss in der Lage sein, das laufende Geschäft weiterzuführen, auch wenn der Chef urlaubs- oder krankheitsbedingt ausfällt. Diese (Ab-)Sicherung gehört zur Grundausstattung eines jeden funktionierenden Unternehmens. Alles andere ist ein Roulettespiel, bei dem die eigene Existenz und die Arbeitsplätzen der Mitarbeiter auf dem Spiel stehen.

Die wichtigsten Devisen des Unternehmers

- Aktion statt Reaktion!
- Ihre Zeit ist die wertvollste im Unternehmen! Setzen Sie Ihre Zeit deshalb so zielführend und effektiv wie möglich ein.
- Sie sind der Maßstab für den Erfolg im Unternehmen.
- Stillstand ist Rückschritt!
- Wer sich und anderen nicht die Chance gibt, sich weiterzuentwickeln und erfolgreich zu sein, wird langfristig auf der Strecke bleiben.

3. Philosophie des Unternehmertums

3.1 Selbstständig oder Unternehmer?

Auf Seminaren höre ich häufig, dass jemand von sich behauptet, er sei zwar selbstständig, aber kein Unternehmer. Was ist der Unterschied? Als „selbstständig" - entsprechend der Wortzusammensetzung „selbst" und „ständig" - wird dann jemand definiert, „der selbst die ganze Zeit arbeiten muss". Dagegen sieht man im Unternehmer eine Person, „die etwas unternimmt".

Betrachten Sie sich im Sinne dieser Definition als „selbstständig" oder als „Unternehmer"?

Bedeutung der Unternehmenswerte

Jeder Unternehmer sollte bzw. muss seine eigene Unternehmensphilosophie entwickeln. Vielleicht kommt Ihnen dieser Punkt nicht wichtig vor, aber: Ihr Unterbewusstsein steuert diesen Prozess: Sie suchen sich Kunden, mit denen Sie gerne zusammenarbeiten. Sie fokussieren sich auf genau die Tätigkeitsfelder, die Sie ausführen möchten. Sie suchen sich diejenigen Mitarbeiter, mit denen Sie erfolgreich arbeiten wollen. Und Sie gehen mit Ihrem beruflichen Umfeld genau so um, wie Sie möchten, dass mit Ihnen umgegangen wird. Bei all diesen Entscheidungen geht es auch immer um Ihre Werte und die Werte Ihres Unternehmens.

Machen Sie sich also diese Werte bewusst. Je genauer Ihr Wertebild für Ihr Unternehmen ist, desto leichter können Außenstehende diese Werte erkennen. Potenzielle Kunden, die Ihre Werte schätzen und suchen, werden Sie und Ihr Unternehmen finden. Hinzu kommt, dass Ihre Mitarbeiter erkennen, was Ihnen wichtig ist, und in ihrer täglichen Arbeit genau diesen „Spirit“ leichter nach außen vertreten können.

3.2 Leitfaden zur Unternehmensführung

Im Wirtschaftsleben wird eine solche Gebrauchsanweisung „Firmenphilosophie“, „Leitfaden“ oder „Regeln der Zusammenarbeit“ genannt (siehe auch Teil I, Kapitel 1.3 Die Unternehmens-„Bibel“). Wie wird sie jedoch verfasst und von wem? Welche Inhalte sind dabei wichtig?

Sie als Unternehmer sollten diesen Leitfaden selbst verfassen und darin folgende Punkte ansprechen:

1. Zieldefinition

Schreiben Sie auf, was - neben dem finanziellen Ertrag bzw. Gewinn - in Ihrem Unternehmen wichtig ist, und beantworten Sie folgende Fragen:

- Wie sollen meine Mitarbeiter miteinander umgehen?
- Wie kommunizieren wir innerhalb und außerhalb des Unternehmens?
- Was soll den Menschen in meinem Unternehmen wichtig sein?
- Was ist mir wichtig?

2. Was ist unsere Berufung?

Mit der Beantwortung folgender Fragen bekommt Ihr Unternehmen ein klares, individuelles Profil:

- Was zeichnet mein Unternehmen aus?
- Wie definiere ich Service- und Kundenzufriedenheit, und welche Ansprüche an Qualität, Leistung und Kundenzufriedenheit setze ich als verbindlichen Maßstab?
- Welchen Beitrag leistet mein Unternehmen für die Gesellschaft/Umwelt etc.?

3. Grundsätze der Zusammenarbeit

- Wie gehen wir mit Kunden, Lieferanten und Geschäftspartnern um?
- Wie werden Qualität und Zuverlässigkeit in der Zusammenarbeit mit Kunden definiert?

Hier sollten allgemeine Benimmregeln für Sie und Ihre Mitarbeiter schriftlich festgehalten werden. Sie helfen neuen Mitarbeitern, sich zu integrieren und Spannungen wegen unterschiedlicher Herkunft, Staatsangehörigkeit, Religion usw. zu vermeiden.

4. Organisation und Führung

Einen Führungsstil schriftlich zu definieren und danach zu leben ist eine der schwierigsten Aufgaben der Unternehmensführung. Sie setzt nicht nur Vertrauen gegenüber den Mitarbeitern und Verständnis für sie voraus, sondern auch die Menschlichkeit des Unternehmers und seine Bereitschaft, zu lehren und zu lernen. Je konkreter er diese Regeln definiert, desto harmonischer kann die Zusammenarbeit zwischen allen Beteiligten sein.

5. Was ist unser Ziel?

Nach dem Motto „Stillstand ist Rückschritt" sollte ein Unternehmen Selbstentwicklungsprozesse planen und leben. Das Wirtschaftsleben funktioniert durch Forschung und Entwicklung. Jedes Unternehmen wächst im Laufe der Jahre und entwickelt sich weiter. Vertrauen Sie nicht allein auf die Erfahrung der Vergangenheit, sondern versuchen Sie auch, in Ihrem Unternehmen den Zeitgeist aufzufangen und einen Beitrag für Zukunftstrends und Neuerungen in Ihrer Branche zu leisten. Halten Sie schriftlich fest, wie das umgesetzt werden kann.

Verbindlichkeit durch schriftliche Fixierung

Durch die Niederschrift von Regeln, Werten und Zielen wird die Vorstellung, wie ein Unternehmen „gelebt“ werden soll, für alle im Unternehmen Beteiligten nachvollziehbar. Sie hilft, die Zusammenarbeit harmonischer zu gestalten, und motiviert alle dazu, die gemeinsamen Firmenziele zu verwirklichen.

Der Unternehmer muss konkrete und messbare Aussagen treffen, damit sich andere daran orientieren können. Seine Darstellung sollte inhaltlich klar, für die Mitarbeiter verständlich und auf das Wesentliche beschränkt sein. Solche Präzision erfordert Disziplin und Zeit, aber der Einsatz lohnt sich. Nach meiner persönlichen Erfahrung ist der Firmenleitfaden ein unentbehrliches Hilfsmittel für die Personalführung und eine harmonische Zusammenarbeit. In gewissen Zeitabständen kann man mit seiner Hilfe überprüfen, ob das Unternehmen sich noch an den ursprünglichen Werten orientiert oder ob durch seine Entwicklung eine Anpassung der Firmenphilosophie erforderlich ist.

Auf einen Blick: Firmenphilosophie

Die Firmenphilosophie/der Leitfaden

- dokumentiert die Vorstellung des Unternehmers von Unternehmens- und Mitarbeiterführung,
- leistet einen wesentlichen Beitrag zu einem positiven Betriebsklima,
- hilft dabei, dem Unternehmen eine eigene Identität/Individualität zu geben.

4. Fachkompetenz & Weiterbildung

Unternehmer als fachkompetentes Vorbild

Fachkompetenz ist ein wichtiges Element für die positive Autorität des Unternehmers. Sie sollten Ihren Mitarbeitern auch in fachlicher Hinsicht immer ein Stück voraus sein, sich also selbst kontinuierlich weiterbilden. Damit legitimieren Sie Ihren Anspruch auf Kompetenzentwicklung und sichern das Know-how Ihrer Mitarbeiter.

Kompetente Mitarbeiter als Visitenkarte

Die Kompetenz der Mitarbeiter garantiert die Qualität und Güte der Handwerks- bzw. Dienstleistung Ihres Unternehmens, denn für einen Handwerksbetrieb ist nicht zuletzt die handwerkliche Ausführung - und damit die Kompetenz der Mitarbeiter - die Visitenkarte des Unternehmens.

Da Mitarbeiter maßgeblich den Ruf eines Handwerksunternehmens prägen, haben sie einen bedeutenden Anteil am Unternehmenserfolg. Damit die hohe Qualität langfristig gewährleistet bleibt, müssen sie jede Weiterentwicklung und strukturelle Veränderung mittragen, und das heißt auch, ihre Fähigkeiten zu steigern.

Es geht nicht nur darum, die Fachkompetenz der Mitarbeiter zu erhöhen und ihren Horizont zu erweitern, sondern auch um Wertschätzung und Anerkennung. Indem Sie als Unternehmer Zeit und Geld in die Kompetenz Ihrer Mitarbeiter investieren, motivieren Sie sie, die neu gewonnenen Fähigkeiten in eine besondere Leistung umzusetzen. Das wiederum kommt Ihren Kunden zugute und stärkt deren Vertrauen. Kundenvertrauen schafft Kundenbindung. Und die wirkt sich positiv auf das Unternehmen aus: Die in die Weiterbildung investierten Mittel zahlen sich immer aus, wenn auch manchmal erst nach einigen Jahren.

Aus- und Weiterbildung junger Mitarbeiter

Unternehmer sind in der Pflicht, einen Beitrag für die Gesellschaft zu leisten. Hierzu gehört, jungen Menschen den Einstieg in das Berufsleben zu ermöglichen. Ich halte es für sehr wichtig, immer wieder jüngere Mitarbeiter einzustellen, ihnen handwerkliche Kniffe zu zeigen, aber umgekehrt auch die neuen Impulse aufzunehmen, die von ihnen ausgehen. Leider werden dabei aus Zeitdruck häufig Chancen verspielt. Anstatt jüngeres Personal einzustellen und zu entwickeln, versucht man aus anderen Betrieben kompetente Arbeitskräfte abzuwerben, da gerade in wirtschaftlich guten Zeiten zu wenig Fachpersonal auf dem freien Markt verfügbar ist.

Jeder Unternehmer sollte deshalb junge Menschen einstellen und natürlich auch ausbilden. Viele scheuen jedoch diese Verantwortung und überlassen die Nachwuchsausbildung anderen Betrieben. Wenn aber niemand mehr ausbildet, gibt es auch zukünftig keine Fachkräfte mehr.

5. Sozialkompetenz

Neben fachlicher Kompetenz und betriebswirtschaftlichem Know-how muss der Unternehmer noch andere Voraussetzungen erfüllen. Er möchte ja schließlich mit Erfolg verkaufen, Mitarbeiter führen, Konflikte und Probleme lösen sowie ein gutes Betriebsklima schaffen.

Lange galt die intellektuelle Leistungsfähigkeit von Menschen als der wichtigste Erfolgsfaktor. Gemessen wird sie mit dem von Alfred Binet 1905 entwickelten Intelligenzquotienten (IQ), dessen Hauptikone der geniale Albert Einstein ist. In den Neunzigerjahren setzte sich die Erkenntnis durch, dass es neben dem Intellekt noch eine andere wesentliche Erfolgskategorie gibt: die emotionale Intelligenz (EQ). Populär wurde sie durch den amerikanischen Psychologen und Wissenschaftsjournalisten Daniel Goleman, dessen Werk „EQ“ 1995 erschien.

Emotionale Intelligenz betrifft den Umgang mit uns selbst und mit anderen. Sie umfasst somit auch soziale Kompetenzen. Diese (neuere) Definition von Intelligenz bezieht Kategorien wie Empathie, Kommunikationsfähigkeiten, Kreativität oder Problemlösungskompetenz ein und ist sowohl im privaten wie im beruflichen Bereich extrem hilfreich, wenn es darum geht, ein erfolgreiches und erfülltes Leben zu führen.

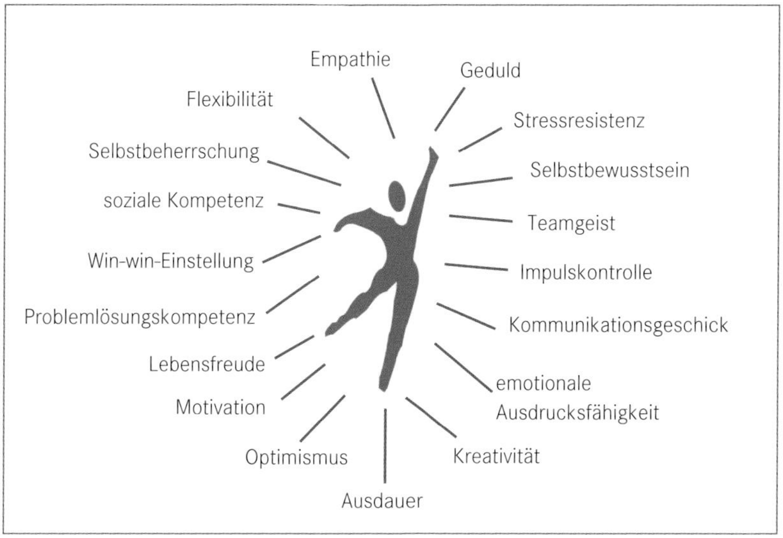

Emotionale/soziale Intelligenz

Anwendung der EQ-Erkenntnisse auf den Unternehmer

Die Erkenntnisse aus dem Bereich der emotionalen und sozialen Kompetenz lassen sich auch auf Fragen anwenden, die für den Unternehmer wichtig sind: Wie geht er mit sich und anderen um? Welche Fähigkeiten muss er haben? Wie kann er sie entwickeln?

5.1 Selbstmanagement

„Eigentlich weiß ich genau, was ich will. Aber im entscheidenden Moment kommt mir immer etwas dazwischen." Diese Äußerung hörte ich von einem Bekannten, kurz bevor er Insolvenz anmeldete. Sein Fall war rätselhaft. Ich kannte ihn als einen fähigen, zuverlässigen Mann, der ununterbrochen arbeitete und wegen seiner Fairness und guten Arbeit geschätzt wurde. Was war also bei ihm schiefgelaufen?

Sein Scheitern erinnerte mich an die schweren Zeiten, die ich selbst hinter mir hatte. Nach dem Zusammenbruch unseres Familienbetriebs in den Neunzigerjahren hatte ich - ohne meinen Vater, der das Unternehmen zuvor geleitet hatte - einen Neustart gemacht und innerhalb von wenigen Jahren nicht nur einen riesigen Schuldenberg abgearbeitet, sondern meinen Handwerksbetrieb in ein expandierendes Unternehmen verwandelt. Mit diesen Erfahrungen konnte ich nun aus zeitlicher Distanz der Frage nachgehen, was uns häufig daran hindert, unsere Ziele zu erreichen.

Welche sind die „Erfolgsverhinderungs-Faktoren", die uns im Weg stehen? Die erstaunliche Antwort lautet: Wir selbst. Wer Misserfolg hat, schiebt sein Scheitern oft auf andere, auf das Schicksal, die Gesellschaft oder auf welche äußeren Umstände auch immer. Dabei sind es vor allem jene Gründe, die wir (seit der Kindheit) mit uns herumtragen - Strukturen unserer Persönlichkeit, die uns in bestimmten Situationen immer gleich reagieren lassen. Diese Verhaltensmuster sind der Grund, warum wir sogar gegen besseres Wissen ein um das andere Mal dieselben Fehler machen. Wollen wir sie überwinden, müssen wir sie uns zuerst bewusst machen und dann die Schlüssel finden, mit denen wir uns ein neues Verhaltensschema eröffnen.

Bedeutung der Selbstanalyse

Wenn wir wissen, wie wir selbst denken, fühlen und handeln, unsere inneren Widerstände und Motive kennen, dann sind wir in der Lage, unser Verhalten zu verändern und zu verstehen, wie unsere Mitmenschen denken und handeln. Wir können dann gezielt dort eingreifen, wo unsere Verhaltensweisen und diejenigen anderer Menschen über Erfolg oder Misserfolg entscheiden.

Ob man Erfolg oder Misserfolg hat, hängt letztendlich von vielen Faktoren ab. Meiner Erfahrung nach sind die wichtigsten:

1. **Realitätswahrnehmung**

2. **Entscheidungsfreude**

3. **Gefühle und Handlungen**

4. **Antrieb und Motivation**

5. **Macht und Einfluss**

6. **Ratschläge**

Jeder dieser Bereiche enthält Fallstricke, aber auch Lösungen. Was sind nun die Schlüssel, die uns im Einzelnen den Zugang zum Erfolg öffnen?

1. Schlüssel: Realitätswahrnehmung

- **Die Wahrheit ist subjektiv**

  Es gibt keine allgemeingültigen Wahrheiten und Wirklichkeiten. Die Realität ist für jeden Menschen eine andere. Jeder hat andere Vorstellungen und Wahrnehmungen, von Recht und Gerechtigkeit oder von Wahrheit und Lüge. Entsprechend schwierig ist die Kommunikation zwischen zwei Menschen. Die Botschaft des einen kann vom anderen völlig anders aufgefasst werden, als sie gemeint war. Sie hat bei Sender und Empfänger subjektiv unterschiedliche Bedeutungen. (Siehe auch Teil II, Kapitel 6 „Mitarbeiterführung".)

  Bei einer Geschäftsbeziehung sollte man sich beispielsweise immer vor Augen halten, dass der Kunde andere Erwartungen an Vereinbarungen knüpft als man selbst. Um eine zu große Abweichung zu vermeiden, muss man größtmögliche Genauigkeit bereits in der Beschreibung anstreben.

  Es ist also wichtig, die eigenen Erwartungen und diejenigen des Kunden in Übereinstimmung zu bringen. Deshalb sollten beide Seiten anstreben, sich diese detailliert mitzuteilen.

- **Besser eigene als fremde Erwartungen erfüllen**

  Wir meinen oft, die Erwartungen anderer erfüllen zu müssen. Besonders stark setzen uns die Erwartungen unseres unmittelbaren Umfelds unter Druck, z. B. von Eltern, Familie, Freunden. Dabei ist uns gar nicht klar, dass deren Erwartungen nicht mit unseren eigenen übereinstimmen. Was hilft es, fremde Erwartungen zu erfüllen und dabei das eigene Ziel nicht zu erreichen? Wir müssen herausfinden, ob bestimmte Erwartungen unsere oder die der anderen sind. Erst dann können wir entscheiden, ob wir sie beibehalten bzw. übernehmen oder uns von ihnen befreien.

Was bedeuten diese Überlegungen für Sie als Unternehmer? Sobald Sie sich von dem Druck befreit haben, es anderen recht zu machen (bzw. machen zu müssen), leben Sie stressfreier und können sich voll auf Ihre Ziele konzentrieren. Aber bitte nicht nach dem Motto „Ist der Ruf erst ruiniert, lebt sich's völlig ungeniert". Man muss ja nicht unbedingt gegen jede gesellschaftliche Erwartung verstoßen. Es reicht, dass man sich nicht davon abbringen lässt, sein Unternehmen nach seinen eigenen Vorstellungen zu führen. Erst wenn Sie Ihre Ziele kennen und diese konsequent verfolgen, haben Sie die Chance auf Erfolg, und erst wenn Sie selbst erfolgreich sind, können Sie alle, die von Ihnen abhängen, ebenfalls zum Erfolg führen.

2. Schlüssel: Sich richtig entscheiden

Täglich sind wir als Unternehmer gezwungen, die „richtigen" Entscheidungen zu treffen. Aufgrund der technischen Dynamik und der Digitalisierung unserer Gesellschaft hat sich das Tempo, mit dem wir entscheiden müssen, enorm beschleunigt. Manchmal komme ich mir in Entscheidungssituationen vor wie auf einem Bahnhof: Ständig fahren Züge an mir vorbei, einige halten, einige fahren langsam, andere wiederum schnell, jeder in eine andere Richtung. Und jedes Mal muss ich entscheiden, ob ich auf diesen Zug aufspringe oder nicht. Wo soll die Reise hingehen? Möchte ich da hin? Kann ich mir den Fahrpreis leisten? Wird meine Erwartung an das Ziel erfüllt? Ist die Fahrt sicher? Habe ich alles dabei, was ich brauche? ...

Als Unternehmer müssen Sie ständig Entscheidungen treffen. Tun Sie das nicht, übernehmen andere die Initiative. **Entscheidungsfreude** ist also eine für Ihren geschäftlichen Erfolg notwendige Eigenschaft. Um diese Fertigkeit entwickeln zu können, muss man zunächst wissen, wie Entscheidungsbildung funktioniert.

- **Wovon sind Entscheidungen abhängig?**

  Informationen werden über die Sinne aufgenommen und dabei mit Emotionen verknüpft. Neben dem Wissen, das wir durch schulisches Lernen und Erziehungsprozesse erworben haben, gibt es das sogenannte Erfahrungswissen. Unser Gehirn ist eine riesige Datenbank, in der Wissen und Erfahrung gespeichert sind. Wussten Sie, dass wir Tag für Tag bis zu 60.000 Informationen aufnehmen, davon 30 % bewusst und 70 % unbewusst? All diese über unsere Sinne aufgenommenen Informationen sind mit denjenigen Gefühlen verknüpft, die wir mehr oder weniger zufällig während der Informationsaufnahme gerade empfunden haben. Findet eine Informationsaufnahme in einer emotional aufgeladenen Situation statt, so werden die Gefühle bei einem gleichen Informationsabruf reaktiviert, auch wenn diese Emotionen zur aktuellen Situation nicht unbedingt passen.

Beispiel: Wer als Kind von einem Hund gebissen und verletzt wurde, wird eher keinen Hund als Haustier haben. Wächst jedoch später der Wunsch nach einem Hund als Haustier, muss erst die durch das zurückliegende Erlebnis abgespeicherte Angst überwunden sowie ihre Herkunft verstanden und aufgearbeitet werden, z. B. durch viele neue positive Erfahrungen mit einem Hund. Diese positiven Erfahrungen führen zu einer Umprogrammierung des Unterbewusstseins.

Solche Erlebnisse machen uns bewusst, dass wir häufig Opfer unserer eigenen - negativen - Erfahrungen sind. Sie hindern uns daran, uns in dem betreffenden Bereich weiterzuentwickeln. Wenn wir es allerdings schaffen, Hindernisse wie Angst, die durch schlechte Erfahrungen in uns steckt, zu überwinden, steht uns ein großes Entwicklungspotenzial zur Verfügung, und wir werden stärker und selbstbewusster. Wir haben immer die Wahl, uns für einen Weg zu entscheiden.

Entscheidungen werden auf zwei Ebenen getroffen:

1. aufgrund von rationalen Erwägungen oder

2. aus emotionalen Gründen (Impulsentscheidungen).

In der Regel entscheiden Menschen immer auf die gleiche Art: Die einen entscheiden nach rationalen Kriterien (traditionell eher Männer), während die anderen sich mehr an emotionalen Kriterien orientieren (traditionell eher Frauen). Wissen Sie, zu welchem Entscheidungstyp Sie gehören?

- **Welcher Entscheidungstyp sind Sie?**

Finden Sie es heraus. Beobachten Sie, nach welchem Muster Sie tendenziell entscheiden. Sind Ihre Entscheidungen immer richtig? In welchen Fällen wäre eine andere Entscheidung besser gewesen? Falls Sie „rational" entschieden haben: Wie hätte eine „Bauchentscheidung" ausgesehen? Falls Sie emotional entschieden haben: Was war der Grund für die Emotion? War sie in der speziellen Situation angemessen, oder ist sie auf alte Verknüpfungen zurückzuführen?

Hatten Sie bei einer Entscheidung schon einmal ein Déjà-vu-Erlebnis? Es handelt sich um ein Gefühl, als hätte man die gleiche Situation schon einmal erlebt. Wenn Sie dieses Gefühl häufiger haben, sollten Sie einmal darüber nachdenken, andere Kriterien zur Entscheidungsfindung heranzuziehen. Vielleicht hilft Ihnen dabei eine neue Perspektive. Wichtig ist, dass Sie sich Ihr Entscheidungsmuster bewusst machen. Wenn Sie über zusätzliche Muster verfügen, können Sie Entscheidungen treffen, die der Situation angemessen sind.

3. Schlüssel: Das „innere Ich“ überwinden

Außer durch Emotionen und Erfahrungen wird unsere Entscheidungsfindung von einer weiteren Instanz bestimmt, die uns leider oftmals behindert: das „innere Ich“. Es ist materialistisch eingestellt, selbstsüchtig, auf schnelle Bedürfnisbefriedigung aus, und seine hervorragenden Eigenschaften sind Bequemlichkeit, Gewohnheit, Faulheit und Unachtsamkeit. Das „innere Ich“ muss dann häufig überwunden werden.

Das „innere Ich“ ist das Gegenteil von Intuition oder Instinkt. Tiere wissen z. B. instinktiv, wenn Wasser vergiftet ist. Sie würden es dann nie annehmen. Solches Wissen bedeutet Schutz. Der Mensch aber hat im Laufe seiner Evolution leider verlernt, sich von dieser inneren positiven Stimme beschützen und lenken zu lassen.

Stellen wir uns vor, dass wir ein Ziel ins Auge gefasst haben und nun entscheiden, ob und wie wir dieses Ziel erreichen wollen. Wir überlegen also, ob das Ziel motivierend, zeitlich begrenzt, erreichbar, flexibel und konkret messbar ist.

Zur Beantwortung dieser Fragen nutzen wir unseren Verstand und rufen Erfahrungen ab. Gut wäre es, wenn uns unsere Intuition eine emotionale Rückmeldung auf unsere Entscheidung geben könnte, sozusagen als Absicherung. Intuition ist aber, wie gesagt, nicht die Stärke eines jeden Menschen. Sind wir gestresst, ist uns der Zugang zu unserem intuitiven Wissen erst recht versagt. Stattdessen drängt sich, sozusagen als Störfrequenz, die Stimme unseres „inneren Ichs“ in den Vordergrund und stellt ihre Forderungen. Woran erkennen wir nun, ob eine Entscheidung durch unseren Verstand geleitet oder von unserem inneren Ego getroffen wurde?

- **Hinweise auf eine falsche Zielsetzung**

  Kennen Sie das: Sie haben ein Ziel erreicht, sind aber nicht zufrieden, sondern seltsam unruhig? Ein Gefühl von Skepsis oder innerer Leere ist ein deutlicher Hinweis darauf, dass Sie eine Zielsetzung Ihrem „inneren Ich“ überlassen haben. Das Erreichen eines egoistischen, materiellen Ziels bringt selten langfristige Befriedigung. Vielmehr wächst bald der Wunsch, etwas Neues, Größeres zu haben. Rechtfertigungsstrategien für fehlerhafte Entscheidungen beginnen mit „aber“, „niemand“, „keiner“: „Aber ich konnte doch nicht wissen, dass ...“, „Keiner hat mich gewarnt ...“, „Niemand hat mir geholfen ...“ etc.

- **Belohnungsstrategien**

  Damit wir nicht in einem Kreislauf aus kleinteiligen und kurzfristigen Zielerfüllungen stecken bleiben, müssen wir unsere egoistischen Impulse produktiv einbinden. Das erreichen wir durch Belohnungsstrategien.

Beispiel: Wenn Sie sich vornehmen, einen umsatzträchtigen Auftrag zu akquirieren, können Sie sich zusätzlich motivieren, indem Sie sich eine Belohnung versprechen, z. B. eine kleine Reise oder eine neue Uhr. Nicht zuletzt, um dieses Sekundärziel zu erreichen, strengen Sie sich besonders an. Im Erfolgsfall bekommen Sie nicht nur die Reise oder die Uhr, sondern auch ein prestigeträchtiges Projekt, verbunden mit einer guten Rendite. Die Belohnung selbst darf jedoch nie Ihr Primärziel sein. Sie würden sonst bald schon geschäftlichen Misserfolg haben.

- **Zwischenziele setzen**

  Ziele, die man unter Umständen nicht oder jedenfalls nur sehr schwer erreichen kann, wirken demotivierend. Wir müssen sie in kleine, gut zu realisierende Etappenziele unterteilen und uns jeweils in kleinem Maßstab belohnen, wenn diese Zwischenziele erreicht sind. Das lässt sich gut am Beispiel einer Wäscheleine veranschaulichen, an die in regelmäßigen Abschnitten Geldscheine gehängt sind: Man arbeitet sich von Geldschein zu Geldschein voran.

- **Intuition braucht Entspannung**

  Intuitiv wissen wir oft, was richtig ist. Wie bereits gesagt, haben wir Menschen unsere Intuition stark eingebüßt. Wollen wir für Entscheidungen unsere intuitiven Kräfte nutzen, brauchen wir Ruhe und Ausgeglichenheit, denn Erfolg und Stress schließen sich in vielen Situationen gegenseitig aus.

  Beispiel: Ich erinnere mich noch sehr gut an eine Situation, in der ich nicht auf mein Bauchgefühl gehört habe – und auf einen Geschäftspartner prompt hereingefallen bin. Obwohl mir sein zweifelhafter Ruf bekannt war, begann ich eine Kooperation mit ihm. Er wollte mit meiner Hilfe ein innovatives Produkt auf den Markt bringen. Dessen Vorzüge hatte ich sorgfältig studiert und mich aus diesem Grund dafür entschieden, obwohl ... na ja, irgendwie dachte ich, dass die Vorteile des Produkts die Nachteile der Person überwiegen würden. Leider ein großer Irrtum. Zwar hatte ich alles schriftlich dokumentiert und war der Meinung, für alle Eventualitäten gewappnet zu sein, doch das Chaos begann gleich nach der ersten Lieferung des neuen Produkts. Schlechte Qualität, fehlerhafte Lieferung, mangelhafte technische Angaben waren unter anderem verantwortlich für einen Schaden, der das Zweieinhalbfache des Auftragsvolumens umfasste.

  Mein Fazit nach dieser Erfahrung: Auch wenn eine sehr gute Rendite prognostiziert wird, Finger weg von einem Geschäft, wenn das Gefühl es nicht hundertprozentig unterstützt. Im Berufsleben werden die meisten Lernprozesse mit Geld bezahlt. Je mehr die Intuition vernachlässigt wird, desto teurer kommt einen der Lernprozess.

4. Schlüssel: Welche Ziele verfolgen wir und warum?

Der amerikanische Psychologe Abraham Maslow hat in den Vierzigerjahren des letzten Jahrhunderts ein Motivationsmodell entwickelt, das auch heute noch Anwendung findet. Er hierarchisiert die menschliche Motivation nach verschiedenen Bedürfniskategorien und stellt sie als Stufen einer Pyramide dar.

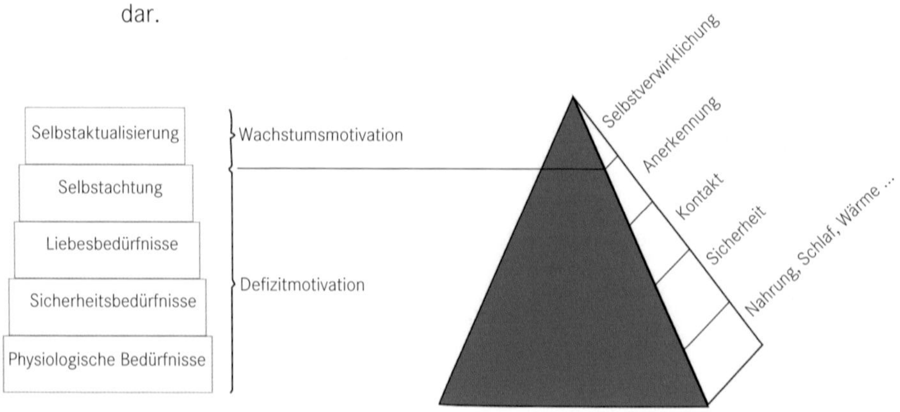

Hierachie der Bedürfnisse nach Maslow

- **Bedürfnispyramide nach Maslow**

  Die Basis bilden die körperlichen Bedürfnisse wie Hunger, Durst, Atmung, Sexualität usw. Sie wollen zuerst befriedigt werden. Darauf baut das menschliche Bedürfnis nach Sicherheit auf, nach Recht und Ordnung, sozialer Absicherung etc. Die dritte Bedürfnisgruppe umfasst die sozialen Beziehungen, insbesondere Familie, Liebe, Partnerschaft. Darauf aufbauend folgen die Bedürfnisse nach sozialer Anerkennung und Selbstachtung, z. B. Erfolge, Wohlstand, Einfluss, mentale und körperliche Stärke. Die Spitze der Pyramide bildet das Bedürfnis nach Selbstverwirklichung, etwa Talententfaltung, Kreativität, Perfektion und Erleuchtung.

  Menschen stillen ihre Bedürfnisse in der Regel aufgrund einer sogenannten „Defizitmotivation". Ist der Hunger gestillt, hat man nicht mehr das Bedürfnis zu essen. Hingegen bezieht sich die „Wachstumsmotivation" auf unstillbare Bedürfnisse, beispielsweise eines Künstlers, dessen kreativer Drang nach der Fertigstellung eines Kunstwerks nicht endet.

  Beispiel: Diese Stufe der Selbstverwirklichung ist nur dann möglich, wenn die darunter liegenden Motivationsstufen erfüllt sind. Selbstverwirklichung ist ein zutiefst befriedigendes Ziel und bedeutet auch, ein Stück dessen, was erreicht wurde, an andere weiterzugeben. Wie viele erfolgreiche Menschen in unserer Gesellschaft ist Karlheinz Böhm ein gutes Beispiel, der jahrzehntelang seine Energie in die Entwicklungshilfe in Afrika investiert hat. Dieses Engagement für andere ist auch im Kleinen möglich. Jeder kann und sollte entsprechend seinem Erfolg seinen individuellen Beitrag leisten.

- **Die Bedeutung des Unterbewusstseins**

  Durch die Visualisierung unserer Ziele nutzen wir die Kraft des Unterbewusstseins. Unsere Ziele werden nämlich nicht nur bewusst, sondern in starkem Maße auch durch unser Unterbewusstsein gesteuert - also nicht nur durch Worte und Gedanken, sondern auch durch Bilder. Ziele erreichen wir umso leichter, je klarer wir sie uns vorstellen. Die wiederholte Visualisierung der Situation, in der wir unser Ziel erreichen, ist ein mächtiger Impuls.

  Beispiel: Das beste Beispiel ist ein Auto, das Sie kürzlich bestellt haben - neuestes Modell mit Sonderfarbe. Sie warten nun seit fast sechs Monaten auf die Auslieferung. Hand aufs Herz: Wie viele Autos dieses Modells mit genau dieser Farbe haben Sie zwischenzeitlich schon gesehen? Nach Ihrer persönlichen Wahrnehmung sind es viel zu viele.

  Durch die unterbewusste Programmierung lenken wir unsere Wahrnehmung genau auf das, was wir uns wünschen. Hätten Sie nicht genau dieses Auto bestellt, würde es Ihnen gar nicht auffallen.

- **Lösungsorientiert denken**

  Wenn wir mit einem anderen Menschen, z. B. einem Auftraggeber, ein gemeinsames Ziel verfolgen, etwa die Fertigstellung seines Hauses, sollten beide Seiten von den gleichen Voraussetzungen ausgehen. Da Wahrnehmung und Kommunikation aber grundsätzlich subjektiv sind, ist die Gefahr groß, dass Missverständnisse und Meinungsverschiedenheiten auftreten, auch wenn wir uns regelmäßig austauschen. Wie gehen wir mit Meinungsverschiedenheiten am besten um?

  Die Antwort lautet: lösungsorientiert. Wir sollten immer **das Ziel im Blick** haben. Bei Meinungsverschiedenheiten streben wir unbeirrt die Lösung des Problems an und vermeiden Streit und Rechthaberei. Das Persönliche ist nicht so wichtig, nur die Lösung des Problems zählt. Lösungsorientiertes Handeln erfordert eine optimistische Geisteshaltung, deren Grundprinzipien lauten:

  - „Egal was passiert: Ich werde eine Lösung finden."
  - „Ich kenne meine Stärken und mein Potenzial."
  - „Was ich nicht kenne, werte ich als neutral (lehne ich nicht ab)."

Erfolgreiches lösungsorientiertes Vorgehen können wir mit den Mechanismen unseres Unterbewusstseins unterstützen:

- **Positivbotschaften formulieren**

  Sogenannte Affirmationen sind positive Formulierungen, die sich ebenso wie Visualisierungen in unser Unterbewusstsein einbrennen und uns voranbringen.

- **Das Unterbewusstsein positiv programmieren**

  Diese Formulierungen müssen unbedingt positiv gehalten sein, dürfen also keine Verneinungen enthalten. Das Unterbewusstsein nimmt negative Wörter wie „nicht“, „kein“, „nie“ etc. nicht auf, sie dürfen daher in Programmierungen nicht enthalten sein. Statt: „Ich will nicht krank werden“ sollten wir uns vornehmen: „Ich bleibe gesund!“

- **Offen sein für anderes: „Ein interessanter Aspekt“**

  Wenn mein Gegenüber Vorschläge macht oder Forderungen stellt, die mir wenig sinnvoll erscheinen, sollte ich sie nicht automatisch abwehren, sondern ernst nehmen. Auch wenn seine Ideen sich in meiner Erfahrung nicht bewährt haben, können sie im Einzelfall berechtigt sein. Ich sollte sie also ernsthaft in Erwägung ziehen. Wenn mein Gegenüber sich ernst genommen und partnerschaftlich behandelt fühlt, ist auch er offener für meine Argumentation. Eine vernünftige Lösung ist leichter zu finden.

- **Perspektivisch denken: „Alles eine Frage des Blickwinkels“**

  Andere Positionen interessant zu finden fällt mir leichter, wenn ich mich in die Person hineinversetze und versuche, das Problem aus ihrem Blickwinkel zu betrachten.

5. Schlüssel: Schuldgefühle sind schlechte Ratgeber

Unsere Persönlichkeit ist durch Erfahrungen geprägt, positive wie negative. Anerkennung, die wir aufgrund einer Leistung erhalten haben, ist eine positive Erfahrung, auf die wir stolz sind. Ein Misserfolg ist eine negative Erfahrung, für die wir uns schämen und die mitunter Schuldgefühle verursacht. Stolz und Schuldgefühle sind zwei „Gegenspieler“, die unser Handeln beeinflussen.

Manche Menschen lassen sich durch Schuldgefühle leicht unter Druck setzen. Dies geschieht vor allem im privaten Bereich. Aber auch im geschäftlichen Umfeld gibt es Situationen, in denen unsere Entscheidungen manipuliert werden, indem unser Gegenüber Schuldgefühle in uns auslöst. Wenn wir Schuldgefühle empfinden, sollten wir also zunächst fragen: Woher kommen sie? Sind sie Teil unserer Persönlichkeitsstruktur und hat unser Geschäftspartner dies vielleicht erkannt und uns manipuliert?

Beispiel: Die Angemessenheit von Preisen hat mit dem Wert des Gegenstands zu tun. Ein 200 Jahre alter Schrank ist für den einen „alter Plunder", für den er keinen Cent ausgeben würde. Für einen anderen ist es eine wertvolle Antiquität mit geschichtlichem Hintergrund, für die er mit Freuden und ohne schlechtes Gewissen 5.000,- € bezahlt.

Dieser Unterschied gilt auch für eine Leistung. Wenn ich mir meiner Arbeit und ihres Wertes sicher bin, kann ich meine Forderung ohne schlechtes Gewissen vertreten. Andernfalls muss ich mich fragen: Warum habe ich das Gefühl, dass ich zu viel Geld verlange? Ist meine Arbeit tatsächlich weniger wert? Oder ist meine Persönlichkeitsstruktur - z. B. eine frühkindliche Prägung, die ich mir bewusst machen sollte - der Grund für meine Zweifel?

- **Geld verdienen muss man lernen**

  Wir müssen lernen, wertvoll zu sein. In meinen Anfangsjahren kam es mir unseriös vor, mehr als zehn Prozent Gewinn auf mein Angebot aufzuschlagen. Außerdem wollte ich auch alle diejenigen belohnen, die mir halfen, mit meinem Unternehmen am Markt zu bestehen. Traten Probleme auf, übernahm ich natürlich die alleinige (finanzielle) Verantwortung. Sie können sich vielleicht vorstellen, dass bei dieser Strategie am Ende der finanzielle Erfolg häufig ausblieb.

- **Geben und Nehmen**

  Auf der anderen Seite gibt es allerdings auch so etwas wie „universelle Gesetzmäßigkeiten". Wir sollten uns fragen, ob unser Geben und Nehmen ausgeglichen ist, und zwar über den Einzelauftrag hinaus. Die Balance zwischen Geben und Nehmen hat mit einem universellen Gesetz zu tun: Es verlangt, dass alles, was wir bekommen, in einem angemessenen Verhältnis zu dem steht, was wir geben - sowohl im emotionalen wie im ökonomischen Bereich. Ein egoistischer Mensch, der Zuwendung fordert, ohne sie zu erwidern, wird in seinen privaten Beziehungen ebenso scheitern wie der Geschäftsmann, der aus reiner Raffgier überhöhte Preise fordert und sich mit unlauteren Methoden bereichern möchte. Dieses Scheitern sollte aber weniger Schuldgefühle auslösen als einen Lernprozess in Gang setzen und dazu führen, dass man beim nächsten Mal das Gleichgewicht wieder herstellt, indem man sich richtig und fair verhält.

  Diese Idee ist eigentlich so einfach, dass man sie auch in einem Satz zusammenfassen kann: „Behandle andere immer so, wie du selbst behandelt werden möchtest - und das zuerst!"

6. Schlüssel: Ratschläge sind auch Schläge

Als Unternehmer muss man ständig weitreichende Entscheidungen treffen und manchmal wünscht man sich dabei Hilfe. Doch Vorsicht: Wer einem anderen einen Rat erteilt, stellt sich über ihn, weiß es besser, und: Mit Ratschlägen kann man Macht ausüben.

Sich vor ungebetenen Ratschlägen schützen

Besonders wachsam sollten wir sein, wenn uns jemand ungebeten Ratschläge erteilt. Sofort glauben wir, Fehler gemacht zu haben, bekommen Schuldgefühle und wollen uns rechtfertigen. Wieso eigentlich? Zunächst sollten wir entscheiden, wie wir mit dem „Ratgeber" umgehen. Erkenne ich sein Recht auf Ratschlag an? Diskutiere ich mit ihm?

Ich könnte auch mit einer höflichen Gegenfrage antworten: „Warum sagst du das?", und entscheiden, dass der Ratschlag für mich keine Bedeutung hat und ich schon gar nicht zulasse, dass der andere Macht auf mich ausübt – er mich wörtlich mit seinem Rat „schlägt".

Problematisch ist es auch, wenn umgekehrt jemand einen Ratschlag von mir erbittet. Ich will ihn nicht abweisen, aber ich möchte mich auch nicht über ihn stellen. Auch hier ist eine Gegenfrage sinnvoll: „Was ist deine Vorstellung, wie man das Problem lösen könnte?" Indem man gemeinsam eine Reihe von Lösungen entwickelt, hat der andere die Möglichkeit zu entscheiden, welche ihm am besten gefällt. So kann er sein Problem selbst lösen, ohne dass ich ihn manipuliert, sozusagen „mit meinem Rat geschlagen" habe.

Und noch etwas anderes ist wichtig: Sie belasten sich nicht (unfreiwillig) mit anderen Problemen. Es gibt nämlich Menschen, die andere Menschen ganz gerne als „Kummerkasten" gebrauchen. Mir ist es schon passiert, dass ein am Boden zerstörter Mensch sich bei mir ausheulte, meinen Rat wollte und sich anschließend erleichtert verabschiedete. Ich habe danach tagelang über seine Probleme nachgedacht und überlegt, wie ich ihm helfen könnte. Als ich ihn dann wieder traf, war er völlig entspannt und hatte sein Problem schon längst hinter sich – nämlich bei mir – gelassen. Während er wieder fröhlich war, kostete sein „Problem" mich noch viel Energie. Vor einem solchen „Energievampirismus" schützt man sich nur, indem man sich das Problem nicht zu eigen macht, sondern beim anderen lässt.

Auf einen Blick: Die sechs Schlüssel zum Selbstmanagement

1. Realitätswahrnehmung

Es gibt keine absolute Wahrheit. Realität ist subjektiv und wird von jedem anders wahrgenommen. Die Erwartungen anderer sind nicht richtiger als meine eigenen. Warum sollte ich dann andere Erwartungen erfüllen und nicht zuerst meine?

2. Entscheidungsfindung

Überwiegend treffen wir Entscheidung nach unbewussten Kriterien. Man könnte auch sagen: Entscheidungen treffen uns. Damit wir das Ruder in der Hand behalten, müssen wir verstehen, wie unsere Entscheidungsprozesse ablaufen. Nur so können wir aus alten Mustern ausbrechen.

3. Gefühle und Handlungen

Nobody is perfect! Unsere Handlungen sind nicht (nur) von Vernunft und Intuition geprägt, sondern (leider auch) von unserem „inneren Ich". Wir können es nicht ganz loswerden, aber „an die Leine legen", z. B. durch kleine Belohnungen.

4. Ziele

Unser Handeln wird durch unterschiedliche Bedürfnisse motiviert: von den (meist physischen) schnell zu stillenden bis zu den (geistig-kreativen) unstillbaren. Eine Motivation, die sich immer wieder erneuert, führt zu höheren Zielen. Beim Erreichen von Zielen unterstützen uns die Kraft des Unterbewusstseins sowie lösungsorientiertes und unvoreingenommenes Denken und Handeln.

5. Macht und Einfluss

Wir sollten negativen Gefühlen keine Macht über uns geben. Schuldgefühle dürfen unsere Entscheidungen nicht beeinflussen.

6. Ratschläge

Ratschläge sind auch Schläge, mit denen man sich über andere stellt. Hilfe zur Selbsthilfe ist die bessere Unterstützung.

5.2 Zeitmanagement

Eines der größten Probleme von vielen Unternehmern ist, dass sie zu vieles in zu wenig Zeit erledigen möchten und dadurch ständig unter Stress stehen. Wie kann diesem auf Dauer ungesunden Druck begegnet werden?

Eine Lösung besteht in systematischem Zeitmanagement, das mittlerweile in vielen (Manager-)Seminaren vorgestellt und trainiert wird. Was verbirgt sich dahinter, und wie können sich insbesondere Handwerkunternehmer diese Lösung(en) zunutze machen?

1. Prioritäten setzen und Verantwortung übergeben

Voraussetzung für sinnvolles Zeitmanagement ist, dass Sie genau wissen, welche Aufgaben Sie zu erfüllen haben. Dann können wir sie auf die uns zur Verfügung stehende Zeit aufteilen. Dabei wird vielen schnell deutlich: Die Zeit reicht nicht, um sämtliche Aufgaben persönlich zu erfüllen. Je größer Ihr Unternehmen, desto wichtiger ist es für Sie, sich zu entscheiden, welche (wichtigen) Aufgabengebiete Sie übernehmen und welche (eher weniger wichtigen) Sie delegieren. Der Handwerksunternehmer muss sich im Klaren sein, dass er sich ab einer bestimmten Unternehmensgröße (spätestens bei mehr als zwölf Mitarbeitern) nicht mehr um alles selbst kümmern kann. Er muss Verantwortung auf andere übertragen.

2. Loslassen

Einen Mitarbeiter zur eigenen Entlastung einzustellen funktioniert nur, wenn Sie nicht ständig hinter ihm herlaufen, um ihn zu kontrollieren, sondern in der Lage sind, ihm zu vertrauen und ihn auch loszulassen. Sind die Zuständigkeiten verteilt, dürfen Sie sich als Unternehmer keinesfalls dazu hinreißen lassen, auch unwichtige Tätigkeiten persönlich zu erledigen. Ihre Mitarbeiter könnten diesen zusätzlichen Einsatz als Einladung missverstehen, ihre Aufgaben vom Chef erledigen zu lassen. Damit würden Sie auch ein Zeichen setzen, dass Sie Ihren Mitarbeitern nicht vertrauen, und ihnen das Gefühl geben, unfähig zu sein. Statt sich in fremde Bereiche einzumischen, sollten Sie eher sanktionieren, wenn Mitarbeiter ihre Aufgaben nicht erledigen und ihre Rolle im Unternehmen nicht ausfüllen.

Das heißt nun nicht, dass Sie Ihren Mitarbeitern nicht auch einmal helfen, wenn sie Unterstützung gebrauchen können. Sehen Sie nicht tatenlos zu, sondern packen Sie mit an. Das ist keineswegs ein Zeichen von Schwäche, sondern vielmehr Zeichen Ihrer Wertschätzung gegenüber den Mitarbeitern.

3. Zeit für Unvorhergesehenes einplanen

Sobald Sie sich zu viele Termine pro Tag vornehmen, geraten Sie unter Druck. Meistens wird ein zu enger Terminkalender durch unkalkulierbare Faktoren durcheinandergebracht. Man gerät in Verzug und kann seine Termine nicht mehr pünktlich wahrnehmen. Das führt zu Ärger bei Kunden und Geschäftspartnern, was negative Folgen haben kann.

Termine können durchaus sinnvoll organisiert werden. Dabei ist es auch einmal notwendig, nein zu sagen oder einen Termin frühzeitig abzusagen, falls er nicht eingehalten werden kann.

Anstatt immerzu abgehetzt zu Terminen zu erscheinen, sollte man einen Zeitpuffer für unvorhergesehene Ereignisse einplanen: So lässt es sich beispielsweise vermeiden, den Geschäftspartner vor den Kopf zu stoßen, falls er noch etwas Zusätzliches ansprechen möchte.

Häufig kommt es bei Terminen auch zu der Situation, dass Ihr Gesprächspartner noch etwas Unvorhergesehenes besprechen oder noch eine Kleinigkeit essen gehen möchte - was übrigens für das gegenseitige Kennenlernen und das allgemeine Klima gut ist - oder aber dass er noch etwas zur Sprache bringt, woraus sich ein neuer Auftrag entwickeln kann. In diesen Fällen ist eine Absage aus nachfolgenden Termingründen eher ungünstig.

Meiner Erfahrung nach sollte man am Vor- und am Nachmittag maximal je zwei Termine einplanen, besser sogar nur einen je Tageshälfte.

4. Feste Bürotage

Bewährt hat sich in meiner Praxis die Einrichtung von „Bürotagen", also festgelegten Tagen in der Woche, an denen ich immer im Büro bin. Das hat den Vorteil, dass sich die Mitarbeiter darauf einstellen und mir ihre Anliegen dann vortragen können. So können wir uns für Besprechungen Zeit nehmen, anstatt Probleme zwischen Tür und Angel zu klären.

Die Wochenaufteilung in Tage, die ich im Büro bzw. bei Außenterminen verbringe, spart viel Zeit und Energie. Denn so lässt sich auch die Aufeinanderfolge von Außenterminen viel ökonomischer strukturieren, als wenn ich jedes Mal aufs Neue vom Büro aus losfahren müsste.

5. Pausen planen

Wohin jahrelange Arbeitsbelastung ohne Erholung führt, ist bekannt: Herzinfarkte und andere Stresskrankheiten sind die Folge. Der Umgang mit uns selbst sollte grundsätzlich geprägt sein von der Vorstellung „Mein Körper ist mein Kapital". Wir brauchen regelmäßige Pausen, und zwar in unterschiedlichen Abständen. Je größer der Arbeitsdruck, desto wichtiger und häufiger sollten die Ruhepausen sein.

6. Freizeit planen

Freizeit muss genauso geplant werden wie Arbeitszeit, und man sollte sie genauso ernst behandeln wie Geschäftstermine. So wenig wie man Termine ohne zwingenden Anlass streicht, so wenig sollte man seine Erholungszeiten leichtfertig aufgeben.

Erholung findet unterschiedlich intensiv statt: Der freie Tag - oder, wenn es nicht anders geht, der halbe freie Tag - ist eine kurze Pause, die regelmäßig jede Woche eingelegt werden sollte. Dieser Tag gehört Ihnen, und idealerweise nutzen Sie ihn ausschließlich für private und persönliche Aktivitäten. Denken Sie währenddessen möglichst nicht an die Arbeit, und lassen Sie auch keine Schuldgefühle aufkommen. So tanken Sie frische Energie und lernen, das Thema „Arbeit" ein- und auszuschalten.

Halten Sie sich vor Augen, dass Sie derjenige sind, der am meisten arbeitet und damit ein Recht auf Erholung hat. Niemand hat Mitleid mit Ihnen, wenn Sie abends spät oder am Wochenende im Büro sind, während andere frei haben.

In größeren Abständen brauchen wir längere Pausen, in denen wir uns gründlicher regenerieren: Alle paar Monate eine Woche oder zumindest ein bis zwei Mal jährlich zwei bis drei Wochen Urlaub. Je länger und intensiver eine Arbeitsphase ist, desto größer ist das Bedürfnis nach längerer Erholung.

Die konsequente Einhaltung von Pausen und Freizeit ist eine wichtige Voraussetzung für vernünftiges Zeitmanagement.

Auf einen Blick: Zeitmanagement

- Stufen Sie Ihre Arbeit nach Wichtigkeit ein und delegieren Sie Aufgaben an andere.
- Üben Sie sich im Loslassen: Vertrauen Sie darauf, dass Ihre Mitarbeiter Ihre Aufgaben übernehmen können.
- Planen Sie Zeiten für Unvorhergesehenes ein.
- Freizeit bedeutet Regeneration für Körper, Geist und Seele. Sie ist der Treibstoff für Leistungsfähigkeit und Belastbarkeit.
- Setzen Sie Tage fest, an denen Sie immer im Büro sind.
- Planen Sie Pausen ein und halten Sie sich daran.

5.3 Stressbewältigung

Wird unter permanentem Zeitdruck gearbeitet, kommt Stress auf. Überfüllte Zeitpläne und die eigene Erwartung, ungefiltert alle Termine und Anforderungen erfüllen zu müssen, führen unweigerlich zu negativem Stress. Dieser fühlt sich nicht nur schlecht an, er ist auch gesundheitsschädlich, führt zu Bluthochdruck, Herz-Kreislauf-Erkrankungen, Krebs und anderen schweren Krankheiten. Negativer Stress, auch „Distress“ genannt, sollte demnach vermieden oder entschärft werden.

Im Gegensatz zum Distress hat der sogenannte „Eustress“, der positive Stress, vitalisierende Wirkung. Er ist zwar auch anstrengend, doch tritt er im Zusammenhang mit Erfolgserlebnissen auf, als Folge intensiver, aber zugleich befriedigender Arbeit. Sobald man eine Aufgabe vor sich hat, der man sich aus zeitlichen oder anderen Gründen nicht gewachsen fühlt, steht man unter negativem Stress. Wie kann man darauf reagieren und sich damit das Leben leichter machen?

Wege zur Vermeidung von Stress

Vielleicht sind Sie der Meinung, dass Sie keine Wahl haben, solange Sie unter Termindruck stehen. Sie können ja Ihre Termine nicht einfach absagen. Ich stimme Ihnen zu, dass sich Zeitdruck selten ganz vermeiden lässt. Aber Sie haben unterschiedliche Möglichkeiten, damit umzugehen.

1. Stress ist Einstellungssache

Machen Sie sich bewusst, dass Stress eine Frage der Einstellung ist. Wenn Sie einem Termin mit Sorgen entgegensehen, weil Sie Ihrem Geschäftspartner erklären müssen, dass Sie den Auftrag nicht fristgerecht ausführen können, teilt sich ihm dieser Unmut mit, und das Gespräch nimmt einen schlechten Verlauf. Sie können stattdessen auch mit positiver Haltung in das Gespräch gehen in der Erwartung, mit dem Partner eine gemeinsame Lösung zu finden. Solange Sie sich selbst als jemanden sehen, der auch schwierige Situationen mit positiver Grundeinstellung annimmt und konstruktiv gestaltet, gehen Sie grundsätzlich positiv mit Ihrem Leben um. Das reduziert Ihren Stress erheblich.

2. Körperliche und geistige Fitness

Halten Sie sich geistig und körperlich fit. Welchen Sport Sie auch immer treiben, ob Sie meditieren oder Joga machen, ist zweitrangig. Hauptsache ist, Sie haben dem Stress etwas entgegenzusetzen. Jede Art von sportlichem Ausgleich trägt zur Stressbewältigung bei und hilft Ihrem Körper, sich zu regenerieren.

3. Ausgleich zwischen den Lebensbereichen

Ist Ihnen schon einmal aufgefallen, dass sich das Leben wie eine einzige Wellenbewegung darstellt? Auf den Tag folgt die Nacht, auf Dunkel folgt Hell, auf Anstrengung folgt Erholung. Diese gegensätzlichen Paare lassen sich beliebig erweitern. Alle Kulturen kennen und achten diese Polarität, die am eindrucksvollsten im Konzept von Yin und Yang dargestellt ist. Leider denken in unserer Kultur viele Menschen, dass es immer nur nach oben und immer nur vorwärts gehen sollte. Wie gefährlich diese Vorstellung von ständiger Höchstleistung ist, weiß jeder Surfer. Wenn er von einer Welle nach oben getragen wird, muss er anschließend auch der Abwärtsbewegung folgen. Will er hingegen am höchsten Punkt bleiben, stürzt er in die Tiefe. Das gleiche Prinzip lässt sich auf unser gesamtes Leben anwenden.

Achten Sie darauf, dass der berufliche, der familiäre und der persönliche Bereich ausgeglichen sind. Sobald ein Bereich auf Kosten der anderen beiden übermächtig wird, entsteht ein Defizit. Dauerhafte Defizite lösen negativen Stress aus und führen unweigerlich zu Problemen: Wenn ich nur noch arbeite, geht das zulasten meiner Familie und meiner eigenen Bedürfnisse. Kümmere ich mich nur noch um mein Hobby, werde ich sowohl mit der Familie Ärger wie auch Probleme im Unternehmen bekommen. Die Kunst besteht darin, ein ausgeglichenes und harmonisches Leben zu führen.

4. Techniken zum Stressabbau

Setzen Sie gezielt Techniken zum Stressabbau ein. Hierzu gehört z. B. **Lachen.** Die immunstärkende Wirkung von Lachen ist mittlerweile gut erforscht und wird in Kinderkliniken gezielt zur Heilung eingesetzt. Auch wenn es Ihnen merkwürdig vorkommt und Sie denken, Sie haben nichts zu lachen: Versuchen Sie einfach mal, z. B. im Auto, laut zu lachen. Sie werden feststellen, dass der Stress dadurch erstaunlich effektiv verringert wird. Außerdem kommen Sie entspannt nach Hause oder bei Ihrem Geschäftspartner an, was die Atmosphäre dort positiv beeinflusst.

Eine weitere Technik zum Stressabbau besteht darin, **über den Stress zu sprechen.** Allein die Äußerung „Ich bin furchtbar unter Druck" trägt schon dazu bei, Druck von Ihnen zu nehmen. Sie lassen ihn ein Stück weit aus sich heraus, anstatt ihn in sich zu verschließen.

In angespannten Situationen neigt man dazu, lauter zu werden. Hat einer Ihrer Mitarbeiter einen Fehler gemacht, versuchen Sie zu vermeiden, ihn anzuschreien, gar einen Wutanfall zu bekommen. Diese Form des Aggressionsabbaus ist kontraproduktiv. Wenn Sie einmal so richtig unter Druck stehen, empfiehlt es sich vielmehr, an einem einsamen Ort (Auto, Wald) tief Luft zu holen und so lang aus dem Bauch heraus zu schreien, bis Ihnen die Luft ausgeht. Konzentrieren Sie sich anschließend auf Ihre Sinne, nehmen Sie die Umgebung wahr, summen Sie leise vor sich hin und spüren Sie der Schwingung Ihrer Stimmbänder nach. Sie werden merken, wie der Stress Sie verlässt und Sie sich vielleicht sogar über die Natur um Sie herum freuen können.

In Extremsituationen helfen auch **Entspannungsübungen** oder Meditationen, die man etwa auf Tonträgern erhält und abends vor dem Einschlafen durchführen kann.

Eine verbreitete Erfahrung ist es, mit **Neinsagen** Stress zu vermindern. Grenzen zu setzen fällt den meisten Menschen schwer. Sie nehmen Aufträge an, weil sie nicht den Mut haben, anderen eine Absage zu erteilen. Dadurch übernehmen sie sich und geraten unter Druck. Überlegen Sie in einer Stresssituation, ob der Stress von Ihnen genommen wird, wenn Sie für eine Zeitlang bestimmte Arbeiten nicht mehr annehmen. Falls das zutrifft, sollten Sie den Mut aufbringen, tatsächlich einmal Nein zu sagen.

Auf einen Blick: Umgang mit Stress

- Stress ist Einstellungssache. Solange Sie die Initiative ergreifen und daran glauben, ein Problem - auch gemeinsam mit anderen - lösen zu können, reduzieren Sie Ihren Stress.
- Halten Sie sich fit und begegnen Sie Stress mit geistiger und körperlicher Gesundheit.
- Setzen Sie gegen Stress gezielt Entspannungstechniken ein: Lachen, Stress äußern, Nein sagen oder Entspannungsübungen machen.
- Sportliche Betätigung ist ein gesunder Ausgleich für Arbeit.

6. Mitarbeiterführung

Wir verbringen mehr als die Hälfte unserer (wachen) Lebenszeit mit Arbeit. Deshalb ist es nur zu verständlich, dass jeder Mensch einer Arbeit nachgehen will, die Spaß macht. Man wünscht sich ein Arbeitsumfeld, in dem man sich wohlfühlt, und Kollegen und Geschäftspartner, mit denen man sich versteht.

Aus Unternehmersicht ist ein gutes Betriebsklima ein wichtiger Erfolgsfaktor, denn in Handwerksbetrieben erledigen die Mitarbeiter einen Großteil der Arbeit. Deren Qualität hängt entscheidend davon ab, ob sie engagiert und motiviert sind. Daran muss man als Unternehmer arbeiten.

Jeder Unternehmer hat die Absicht, seine Mitarbeiter aufgrund ihrer Qualifizierung, Fähigkeiten und Fertigkeiten möglichst gewinnbringend einzusetzen. Die entscheidende Frage ist, wie er das macht. In vielen Unternehmen herrscht immer noch die Devise „Der Chef hat immer recht". Doch dieses alte Denken passt nicht mehr in unsere Zeit. Damit alle Mitarbeiter kreativ zusammenarbeiten können, muss jeder genügend Freiraum und Verantwortung bekommen, um sich mit seinen individuellen Stärken einzubringen.

Zeitgemäßer Führungsstil

An die Stelle des autoritären Führungsstils tritt eine zeitgemäße Mitarbeiterführung. Hierbei setzt man gezielt Erkenntnisse aus der Kommunikations- und Motivationsforschung ein, um die Zusammenarbeit im Unternehmen zu optimieren. Ein gut funktionierender Betrieb ist wie ein Uhrwerk, dessen verschiedene Rädchen ineinandergreifen. Je präziser die Zusammenarbeit, desto werthaltiger das Resultat. Wenn das Uhrwerk namens „Handwerksunternehmen" läuft, sollte man sich als Unternehmer zurückhalten, man könnte sonst das Räderwerk stören: „Never change a running system." Gleichwohl sollte das existierende System regelmäßig gewartet werden.

6.1 Wie vermeidet man Missverständnisse?

Wie bereits dargestellt, ist Wahrnehmung subjektiv: Botschaften kommen beim Empfänger häufig anders an als vom Sprecher beabsichtigt. Wenn Sie als Unternehmer Missverständnisse in der Kommunikation mit Ihren Mitarbeitern vermeiden wollen, sollten Sie deren Tücken kennen. Hilfreich ist dabei ein Modell, das der Kommunikationspsychologe Professor Friedemann Schultz von Thun entwickelt hat.

Das Vier-Ohren-Modell

Er geht davon aus, dass zwischenmenschliche Kommunikation gleichzeitig auf vier verschiedenen Ebenen abläuft. Wer eine Äußerung macht, kann mit ihr ganz verschiedene, unausgesprochene Inhalte vermitteln. Das Gleiche gilt auch für den Empfänger der Botschaft: Er filtert aus einer Äußerung sehr unterschiedliche Dinge heraus, hört sozusagen mit vier Ohren. Schultz von Thun nennt deshalb seinen Ansatz das „Vier-Ohren-Modell“.

Beispiel

Stellen Sie sich vor, zwei Personen fahren zusammen in einem Auto. Der Beifahrer sagt: „Die Ampel ist grün.“ Was will er dem Fahrer damit sagen? Und welche Botschaft empfängt dieser? Zunächst enthält der Satz eine sachliche Information, nämlich, dass die Ampel grün ist. Aber in dieser Situation ist eine solche Äußerung nicht unbedingt sachlich gemeint. Vielmehr könnten dahinter Botschaften wie diese stehen: „Ich habe es eilig“ oder „Ich passe auf“ oder „Ich habe die Situation im Griff“. Damit sagt er etwas über sich selbst aus.

Es könnte aber auch gemeint sein: „Pass doch auf!“ oder „Konzentriere dich!“ oder „Gib endlich Gas!“ Auf dieser Ebene appelliert der Sprecher an den Hörer.

Man könnte sich aber auch vorstellen, dass der Beifahrer dem Fahrer zu verstehen geben will: „Du brauchst meine Hilfe“ oder „Du bist ein schlechter Autofahrer“ oder „Du lernst es nie“. In diesem Fall hat die Kommunikation etwas mit der Beziehung zwischen den beiden zu tun.

So wie der Sender unterschiedliche Botschaften in seiner Äußerung verpackt, so kann auch der Empfänger unterschiedliche Botschaften aus einer Äußerung heraushören.

Schultz von Thun schlüsselt die Wahrnehmungsvarianten nach folgenden Aspekten auf:

- **Sachlicher Inhalt:** Hier wird eine rein sachliche Feststellung getroffen.
- **Selbstoffenbarungsaspekt:** Der andere sagt etwas über sich: Ich bin ... / Ich fühle mich ... (Ich-Botschaft)
- **Appell:** Der andere will etwas bewirken, fordert mit seiner Äußerung dazu auf.
- **Beziehungsaspekt:** Der andere sagt etwas über den Gesprächspartner: Du bist ... / Du kannst ... (Du-Botschaft)

Welche Botschaft man wahrnimmt, hängt von der eigenen Persönlichkeit ab. Schultz von Thun unterteilt die Botschaftsempfänger nach Typen, die mit „verschiedenen Ohren" hören. Diese wiederum entsprechen den genannten Aspekten.

Typen nach dem „Vier-Ohren-Modell"

- Der **Sach-Ohr-Typ** hört ausschließlich die rationalen Aspekte der Botschaft. Das ist dann verhängnisvoll, wenn es zwischen Sender und Empfänger ein Beziehungsproblem gibt.
- Der **Selbstoffenbarungs-Ohr-Typ** versetzt sich ständig in andere hinein und fragt sich, was diese ihm über sich sagen wollen.
- Der **Appell-Ohr-Typ** will es allen recht machen und weiß nicht, was er selbst will.
- Der **Beziehungs-Ohr-Typ** bezieht alle Äußerungen auf sich selbst, nimmt alles persönlich und fühlt sich leicht angegriffen.

Missverständnisse zwischen Chef und Mitarbeitern

Im Verhältnis von Unternehmer und Mitarbeitern ist die Gefahr besonders groß, dass Botschaften anders aufgenommen werden, als sie gemeint sind. Was genau wollen Sie zum Beispiel vermitteln, wenn Sie zu einem Mitarbeiter sagen: „Die Baustelle läuft nicht"? Ist das eine sachliche Information? Wohl kaum, denn der Mitarbeiter wird selbst schon diese Feststellung gemacht haben. Üben Sie mit dem Satz etwa Selbstkritik? Wahrscheinlich auch nicht, denn Sie arbeiten ja gar nicht auf der Baustelle. Vielmehr möchten Sie dem Mitarbeiter eher etwas auf der Appell-Ebene („Nun streng dich endlich an!") oder auf der Beziehungsebene mitteilen („Ich wusste doch, dass du damit überfordert bist")."

Und was mag der Mitarbeiter aus diesem Satz heraushören? Auch hier sind einige Varianten vorstellbar. „Aha, es gibt also Probleme, von denen ich noch nichts mitbekommen habe. Gut, dass ich das erfahre." (Sach-Ohr). Oder: „Es läuft doch alles gut. Der Chef könnte ruhig etwas mehr (Selbst-) Vertrauen haben", „Hat der Chef wieder Ärger zu Hause?" (Selbstoffenbarungs-Ohr). Oder: „Der Chef ist nicht zufrieden mit meiner Arbeit. Ich soll wohl noch mehr Überstunden machen?" (Appell-Ohr). Oder: „Jetzt gibt er wieder mir die Schuld dafür, dass wir im Verzug sind." (Beziehungs-Ohr).

Um Missverständnissen und Kommunikationsproblemen vorzubeugen, ist es deshalb ratsam, sorgfältig nachzufragen.

Fragen Sie nach!

Aufgrund der oben beschriebenen, vielfältigen Kommunikationsfallen sollten Sie gegenüber Ihren Mitarbeitern mit Äußerungen achtsam umgehen. Betonung und Körperhaltung geben Hinweise auf das Gemeinte. Und bei Bemerkungen Ihnen gegenüber: Wenn Sie nicht sicher sind, ob eine Bemerkung so gemeint war, wie sie bei Ihnen angekommen ist, fragen Sie am besten sofort nach.

Nur über den sachlichen Informationsaustausch können Unstimmigkeiten beseitigt werden. Kritik sollte immer sachlich, Lob und Anerkennung dürfen emotional sein.

6.2 Wie motiviert man Mitarbeiter?

Ihre persönlichen Ziele als Unternehmer sind äußerst selten mit denen Ihrer Mitarbeiter deckungsgleich, so wünschenswert das auch wäre. Das Ziel eines Mitarbeiters ist es nicht zwangsläufig, dass sein Chef viel Geld verdient, sondern höchstens, dass das Unternehmen floriert und er als Mitarbeiter am Erfolg beteiligt wird - oder davon profitiert. Beide müssen also eine gemeinsame Zielformulierung finden, die motivierend ist.

Geld allein reicht nicht!

Welche Motive treiben uns zu guter Leistung? Natürlich ist das Bedürfnis, Geld zu verdienen, bei fast allen Menschen das Grundmotiv dafür, dass sie überhaupt arbeiten. Diese Defizitmotivation (siehe auch die Motivationspyramide nach Maslow, Seite 122) bringt jedoch niemanden dazu, qualitativ überdurchschnittliche Arbeit abzuliefern. Geld allein kann hier also keine ausreichende Basis für Mitarbeitermotivation sein.

Es gibt tatsächlich viele andere Motive. Mitarbeiter können sehr unterschiedlich motiviert werden, z. B. durch technische und fachliche Herausforderungen, durch zeitlich und/oder sportlich anspruchsvolle Aufgaben, durch die soziale oder gesellschaftliche Bedeutung von Arbeit oder um Anerkennung zu bekommen usw.

Intrinsische und extrinsische Motivationsfaktoren

In der Motivationsforschung bestehen zwei unterschiedliche Konzepte über den Ausgangspunkt des Impulses für diese Bewegung. Nimmt der Impuls seinen Anfang im Inneren des Menschen, oder muss er von außen kommen? In diesem Zusammenhang spricht man von „intrinsischer“ und „extrinsischer“ Motivation. Die Begriffe intrinsische und extrinsische Motivation gehen auf zwei seltene lateinische Adverbien zurück: intrinsecus bedeutet „innerlich“, extrinsecus bedeutet „von außen“.

Intrinsische Motivation steht für das Lernen und Arbeiten aus eigenem, innerem Antrieb. Die Handlung, die aus dieser Motivation entsteht, dient der persönlichen Befriedigung. Sie wird als interessant, spannend oder herausfordernd beschrieben. Beispiel: „Ich mache meine Arbeit gerne. Sie macht mir Spaß.“ Im Arbeitsalltag kann intrinsische Motivation durch eine hohe Beteiligung des Mitarbeiters an Entscheidungsprozessen, flache Hierarchien oder eine Erweiterung der Mitarbeiterkompetenzen gefördert werden. Die Maßnahmen sollten möglichst langfristig angelegt sein, um eine nachhaltige Wirkung zu zeigen.

Extrinsische Motivation besteht aus Lern- und Arbeitsanreizen, die mit positiven Folgen versehen sind oder negative Folgen vermeiden helfen. Die Folgen der Handlung sind dabei wichtiger als der Handlungsvollzug selbst. Der Anreiz kann in materieller Form wie etwa Geld oder in Form von sozialer Anerkennung durch das persönliche Umfeld gegeben werden. Beispiele: „Ich lerne für die Prüfung, damit ich nicht durchfalle“; „Ich arbeite, um Geld zu verdienen.“ Die Wirkung extrinsischer Anreize nimmt einen anderen Verlauf als die eines intrinsischen Impulses, denn extrinsische Motivation nimmt mit der Zeit deutlich ab. Ihre Wirkung muss durch Erneuerung oder Veränderung der Anreize aufrechterhalten werden. Dies bedeutet, dass entweder die „Dosis“ erhöht wird (etwa durch eine höhere Geldprämie) oder ein neuer Anreiz (etwa eine neue Sachprämie) geschaffen werden muss.

Über Fachgrenzen hinweg belegen Forschungsergebnisse, dass eine starre Trennung beider Motivationskonzepte nicht durchzuhalten ist, vielmehr sind beide in komplexer Weise miteinander verwoben. Forschungsergebnisse zeigen, dass die intrinsische Motivation in dem Moment abnimmt, in dem extrinsische Anreize wie etwa Geld oder Auszeichnungen für eine ursprünglich intrinsische Aktivität angeboten werden.

„Der richtige Schlüssel zum Schloss“

Nach einem Seminar beklagte sich ein frustrierter Manager darüber, dass er in seinem Unternehmen eine bestimmte Motivationstechnik eingeführt habe, die er bei einer Schulung erlernt hatte. Diese wirke bei allen Betriebsangehörigen gut, außer bei einem einzigen Mitarbeiter. Mein Gesprächspartner wollte von mir wissen, ob er diesen Mitarbeiter nicht besser loswerden sollte. Ich bat ihn darauf, mir seinen Schlüsselbund zu geben, wählte einen Schlüssel aus und fragte: „Wozu passt dieser Schlüssel?“ Daraufhin erwiderte er „Das ist mein Autoschlüssel.“ - „Passt er auch für das Auto Ihrer Frau?“ - „Nein, natürlich nicht.“ - „Sehen Sie“, sagte ich, „mit den Motivationsfaktoren ist das genauso: Sie passen nicht für alle gleich. Sie müssen für jeden den oder die richtigen finden.“

Motivationshemmnisse

Motivation und die Wirkung von Motivationsfaktoren ändern sich im Laufe der Zeit. Was anfangs neu und aufregend ist, verliert seinen Reiz, wenn Routine dazukommt. Eine mechanische, **monotone Tätigkeit** ist gefährlich, denn sie kann zu Gleichgültigkeit und verminderter Arbeitsleistung führen. Als Unternehmer müssen Sie für Ihre Mitarbeiter immer wieder einmal neue Herausforderungen und Anreize schaffen.

Umstellungen im Betrieb bedeuten häufig Stress. Auch in solchen Situationen sollten Sie überlegen, wie Sie Ihre Mitarbeiter dazu bringen, solche Änderungen zu akzeptieren und aktiv zu unterstützen. Zu jeder neuen Anforderung gehört auch die Überlegung: „Wie kann ich die Mitarbeiter motivieren, damit sie engagiert mitmachen?“ Machen Sie deshalb die „Betroffenen zu Beteiligten“, binden Sie Ihre Mitarbeiter frühzeitig in geplante Umstellungsprozesse ein, damit sie Ihre Entscheidungen von Anfang an mittragen und neue Aufgaben engagiert und motiviert umsetzen.

Mitunter gibt es auch Mitarbeiter, die zu **Lethargie** neigen. Meist sind es solche, die keinen Ehrgeiz haben, und ihrer Meinung nach reicht Anwesenheit alleine schon aus. Aber natürlich wird niemand für reine Anwesenheit bezahlt. Alle Mitarbeiter müssen ihre Leistung im Sinne des Kunden erbringen. Das ist die Hauptzielsetzung, und sie muss von allen Mitarbeitern verfolgt werden. Dabei muss jeder für seinen Bereich Verantwortung übernehmen.

Ziele können nur durch Handlung erreicht werden. Ein wichtiges Hemmnis auf dem Weg zum Ziel ist **Angst.** Angst vor Hindernissen, vor Misserfolg, vor dem eigenen Versagen, vor übermäßiger Anstrengung oder weil es keine Garantien gibt, dass sich die in Kauf genommenen Mühen lohnen. Wer sich aus solchen Gründen nicht vorstellen kann, ein Ziel zu erreichen, wird auch nichts oder nur wenig dafür tun.

Mitarbeiter, die sich – weshalb auch immer – von einem neuen Auftrag überfordert fühlen oder einfach keine Lust auf die vermeintliche Mehrarbeit haben, äußern dann nicht selten: „Okay, Chef, ich würde gerne, **aber** ..." Wie gehen wir mit diesem „Aber" der Mitarbeiter um?

Beispiel

Am ehesten können wir Einwänden vorbeugen oder sie entkräften, indem wir **Teilziele** setzen (siehe Abschnitt II, Kapitel 1 „Persönliche Ziele des Unternehmers"). Stellen Sie sich vor, Sie haben einen Malerbetrieb und möchten ihn um eine Lackierabteilung erweitern. Wenn Sie Ihrem Mitarbeiter nun erklären, er soll künftig nicht mehr nur Maler-, sondern zusätzlich auch Lackierarbeiten ausführen, dann wird er das vermutlich zunächst als unzumutbares Ansinnen zurückweisen. Dagegen können Sie denselben Mitarbeiter leichter motivieren und „mitnehmen", wenn Sie ihm die einzelnen Schritte bis zum Ziel aufzeigen. Sie erklären ihm also, was Sie als Erstes vorhaben und welche Aufgabe ihm dabei zufällt. Wenn er sich seine Arbeit genau vorstellen kann, nimmt dieses Etappenziel für ihn eine sinnvolle Gestalt an. Anstatt sich überfordert oder fehl am Platz zu fühlen, spürt er den Reiz der neuen Herausforderung und entwickelt selbst Anregungen. Teilziele erfüllen also die Forderung, sinnvoll, realistisch und motivierend zu sein.

Der Kreislauf vom Motiv zum Ziel

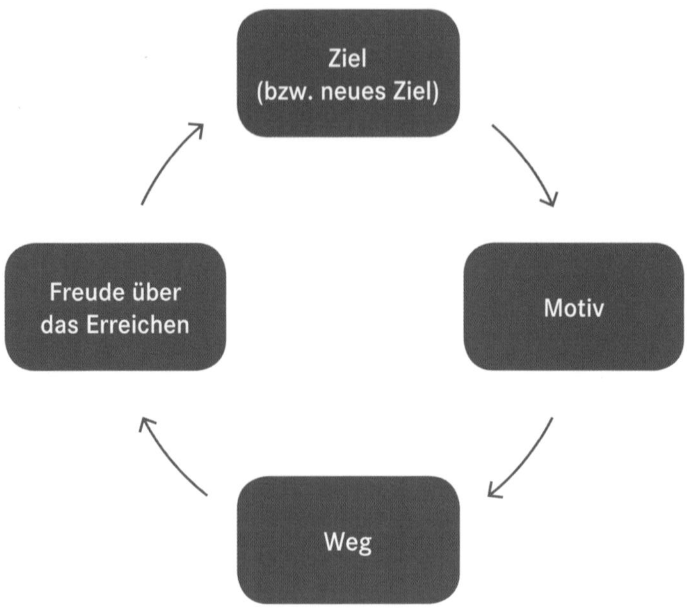

Motivationskiller Kontrolle

Kontrollmechanismen sind häufig unvermeidlich. Man sollte sie jedoch, auch aus Sicht der Mitarbeiter, nicht nur negativ betrachten. Denn erstens helfen sie ihm, sich zu Arbeit und Leistung zu disziplinieren, und zweitens geben sie ihm die Gelegenheit zu beweisen, dass er - gut - gearbeitet hat. Wie so oft, kommt es auch hier auf das richtige Maß an.

Überhöhte **Kontrolle führt zu beiderseitigem Misstrauen**

Schwierig wird es, wenn der Unternehmer aus Misstrauen kontrolliert. Wenn er z. B. überprüft, wann der Mitarbeiter Pausen macht, wann er anfängt und aufhört zu arbeiten. Bemerkt der Mitarbeiter das, schleichen sich Strategien des gegenseitigen Belauerns ein und vergiften das Verhältnis zwischen Chef und Mitarbeiter. Sobald ein Mitarbeiter das Gefühl hat, vom Chef zu stark kontrolliert zu werden, versucht er, sich dieser Kontrolle zu entziehen. Er wartet den Zeitpunkt ab, an dem er unbeobachtet ist, um dann erst recht in seiner Leistung nachzulassen. Es setzt ein Kreislauf des gegenseitigen Misstrauens ein, der kaum noch aufzubrechen ist - und von der eigentlichen Arbeit ablenkt.

Kontrolle und (gegenseitiges) Misstrauen wirken motivationshemmend und steigern keinesfalls die Leistungsfähigkeit und den Einsatzwillen der Mitarbeiter. Wie aber schafft es der Unternehmer, seine Mitarbeiter zu guten Leistungen zu motivieren und aus guten Mitarbeitern sehr gute zu machen? Hier ist der Einsatz von Motivationsfaktoren hilfreich, die individuell auf jeden Mitarbeiter anzuwenden sind (Sie erinnern sich an das Beispiel mit dem Schlüsselbund?).

Motivationsfaktor 1: „Anerkennung für Leistung“

Anerkennung, Lob und Respekt stillen nach Maslow unsere Defizitbedürfnisse und motivieren somit unser Handeln. Das bedeutet logischerweise, dass die Umwelt Kenntnis von der erfolgreichen Zielerreichung hat.

Die Devise „Nicht geschimpft ist auch gelobt“ reicht bei Weitem nicht. Ein Mitarbeiter, der ständig überdurchschnittliche Leistungen erbringt und nie eine Anerkennung dafür erhält, verliert die Lust an der Arbeit. Seine Leistungsmotivation sinkt in sich zusammen. Die Folge: Entweder lässt seine Arbeitsleistung nach, oder er sucht sich schlimmstenfalls gleich einen neuen Job.

Bildhaft gesprochen: Jede gute Leistung will gesehen werden und sucht Anerkennung. Das heißt nicht, dass es tägliche Belohnungen geben muss. Aber als Unternehmer müssen Sie Ihren Mitarbeitern zeigen, dass Sie deren Leistung aufmerksam verfolgen und wohlwollend zur Kenntnis nehmen. Ein

Schulterklopfen und Augenzwinkern reichen da manchmal schon aus, um zu weiterer Leistung zu motivieren.

Viele Unternehmer wie auch Führungskräfte unterschätzen den Motivationsfaktor Anerkennung und Lob. Doch gerade dieser ist für die Leistungsbereitschaft und den Einsatzwillen vieler Mitarbeiter unentbehrlich.

Positiver Motivationskreislauf

Dieser Kreislauf - von Leistung und Anerkennung und dadurch zu motivierter neuer Leistung - ist enorm fruchtbar. Denn nachdem die Defizitbedürfnisse befriedigt sind, die Mitarbeiter also Anerkennung für ihre gute Leistung erhalten haben, werden Kapazitäten frei für die Entwicklung neuer, höherer Ziele. Deren Erreichung führt wiederum zu noch mehr Zufriedenheit, sodass sich hier eine Dynamik entwickelt, die das Arbeiten noch effizienter macht und zudem die Entwicklung der Persönlichkeit fördert.

Je häufiger Ziele erreicht werden, desto größer wird die positive Erfahrung und desto leichter werden weitere Ziele erreicht. Man ist motiviert, weiter zu wachsen und sich selbst zu verwirklichen. Hier gelangt man in einen Idealzustand, der in einem Unternehmen dazu führt, dass die Arbeit nicht schleppend, sondern schwungvoll, kreativ und hoch motiviert erledigt wird.

Motivationsfaktor 2: „Gegenseitiger Respekt“

Alle im Unternehmen tätigen Personen sind letztlich für dessen Erfolg verantwortlich. Das Bewusstsein jedes Mitarbeiters, dass sein persönlicher Beitrag ebenso zum kollektiven Erfolg führt wie der seiner Kollegen, stärkt das Wir-Gefühl und verbessert das Betriebsklima.

Alle Mitarbeiter sind gleich wichtig

Dabei darf es keine Unterschiede zwischen den verschiedenen Qualifikationen geben. Nicht selten sind hoch qualifizierte Mitarbeiter auf weniger qualifizierte Mitarbeiter genauso angewiesen wie umgekehrt. Der Hochqualifizierte führt die weniger anspruchsvollen Tätigkeiten vielleicht weniger gut aus als eine Hilfskraft, die für solche Aufgaben unter Umständen geeigneter und motivierter ist. Dafür kann diese wiederum anspruchsvollere Aufgaben nicht erfüllen, weil ihr möglicherweise entsprechende Kenntnisse und Fertigkeiten fehlen. Zusammen aber bilden beide ein perfektes Team.

Das Wir-Gefühl stärken

In jeder Situation ist der gegenseitige Respekt aller Beteiligten erforderlich. Der Gedanke: „Wir brauchen einander für die Fertigstellung eines Projekts - und alle sind gleich wichtig.“ Diese Einschätzung bildet die Basis für eine gute Zusammenarbeit. Gehen Sie als Chef mit gutem Beispiel voran und lassen Sie negative Gedanken wie „Ich arbeite nicht mit dem“ oder „Dafür bin ich mir zu schade“ auf keinen Fall zu.

Motivationsfaktor 3: Die Mitarbeiter entscheiden selbst

Die Kreativität von Mitarbeitern zu fördern und dieses Potenzial auch zu nutzen, ist eine wichtige Aufgabe für jeden Unternehmer. Mitarbeiter sollen prozess- und lösungsorientiert denken: Wer arbeitet mit wem? Welche Hilfsmittel und Werkzeuge werden benötigt? Wer übernimmt die Verantwortung?

Es gibt viele Situationen, in denen Sie Ihre Mitarbeiter in Entscheidungsprozesse einbeziehen können. Wer kennt sich schon besser aus als diejenigen, die durch ihre tägliche Arbeit über das nötige Routinewissen verfügen? Durch Entscheidungen, die Ihre Mitarbeiter selbst treffen, werden sie mit in die Verantwortung genommen und identifizieren sich mit ihrer Tätigkeit und dem Betrieb. Das wirkt äußerst motivationsfördernd.

Beispiel

Stellen Sie sich vor, Sie erhalten am Freitagnachmittag einen eiligen Auftrag, der unverzüglich erledigt werden muss. Was tun Sie? Füllen Sie einen Auftragszettel aus und bestimmen Sie jemanden, der zur Baustelle fahren soll? Derjenige wird so kurz vor Feierabend und Wochenende nicht begeistert sein, und es kann passieren, dass er auf der Baustelle eine andere Situation vorfindet, als auf seinem Auftragszettel steht. In einer solchen Konstellation kann es vorkommen, dass Ihr Mitarbeiter anruft und Ihnen mitteilt, das Problem sei nicht zu lösen, und dann nach Hause fährt - ein für alle Beteiligten unbefriedigender Ablauf.

Eine Alternative ist, einige Mitarbeiter zu versammeln, ihnen die Situation zu erklären und sie selbst entscheiden zu lassen, wer zur eiligen Baustelle fährt. Wenn sich Ihre Mitarbeiter gut verstehen, werden sie untereinander klären, wer die Aufgabe übernimmt. Aber das ist noch nicht alles. Zusätzlich sollte der Betreffende die Verantwortung für die Ausführung übernehmen. Anstatt ihm einen konkreten, möglicherweise zu eng gefassten oder falsch formulierten Auftrag zu erteilen, fordern Sie ihn auf, sich der Baustelle sowie der Ausführung anzunehmen und selbst zu entscheiden, wie die Arbeiten ausgeführt werden - eventuell auch kollektiv.

Natürlich sollte diese besondere selbstständige Leistung des verantwortlich handelnden Mitarbeiters auch entsprechend gewürdigt werden.

Motivationsfaktor 4: Belohnungen

Grundsätzlich brauchen Mitarbeiter und ihre guten Leistungen entsprechende Rückmeldungen. Sie halten die Motivation aufrecht. Das kann, wie gesagt, lediglich ein Schulterklopfen sein oder aber eine materielle Belohnung. Wichtig ist, dass sie den jeweiligen Interessen und Bedürfnissen angepasst ist. Man macht es sich als Unternehmer zu einfach, dem Mitarbeiter einfach nur Geld zukommen zu lassen. Es spricht nichts gegen Geldprämien, die der Leistung angemessen sind, aber das i-Tüpfelchen ist eine auf die persönlichen Bedürfnisse abgestimmte Belohnung. Dafür muss man seine Mitarbeiter und ihre aktuelle Situation näher kennen.

Beispiel

Ein bezahlter freier Tag ist für den einen Mitarbeiter eine hochwillkommene Gratifikation. Ein anderer freut sich vielleicht noch mehr über zehn Quadratmeter Spanplatten, die er gratis mitnehmen darf und die er zu Hause für seinen Umbau gerade besonders gut gebrauchen kann. Andere Mitarbeiter freuen sich über eine Einladung zum Essen o. Ä.

Mit Geld allein jedenfalls sind Mitarbeiter nicht unbedingt immer zufrieden. Diese Prämie vermittelt schnell den Eindruck, dass man sich als Unternehmer „freikauft“, den Mitarbeiter persönlich aber kaum wahrnimmt.

Aus diesem Grund sind auch regelmäßige Firmenfeiern wichtig: Sommerfest, Weihnachtsfest oder nach Abschluss einer großen Baustelle. Mit Feiern stärkt man das Wir-Gefühl.

Grundbedingungen für motiviertes Arbeiten

Es dürfte klar geworden sein, dass man Leistung nicht erzwingen kann. Sie lässt sich nicht einfach dadurch steigern, dass der Chef das anordnet. Grundsätzlich sollten Sie als Unternehmer wissen, dass

- die Leistungsfähigkeit sich nur freiwillig steigern lässt,
- der Mitarbeiter Lust an der Arbeit haben muss und
- es Anreize für bessere Leistungen geben sollte, z. B. Belohnungen, Gratifikationen oder ein Prämiensystem.

Auf einen Blick!

Voraussetzungen für eine motivierende und zielführende Mitarbeiterführung

Teambildung: Lösungsorientiertes Vorgehen erfordert, dass alle Mitarbeiter je nach Erfordernis in Teams zusammenarbeiten können (wollen/müssen).

Ablauf- und Controllingtools schaffen: Individualität muss erlaubt sein. Die Mitarbeiter brauchen eine gewisse Freiheit. Diese kann natürlich nicht grenzenlos sein. Aber Mitarbeiter kann man auch indirekt kontrollieren, z. B. über das Verhältnis zwischen aufgewendeter Zeit und erbrachter Leistung.

Informationswege aufbauen und nutzen: Jeder Mitarbeiter ist während der Arbeitszeit über Handy erreichbar. In regelmäßigen Meetings ist Kommunikation möglich, können Probleme besprochen und Lösungen gemeinsam erarbeitet werden.

Kommunikation und Dialog: Der Unternehmer muss als Ansprechpartner regelmäßig präsent sein, nicht nur im Einzelgespräch, sondern auch für die ganze Belegschaft. Gemeinsamer Austausch hilft auch, den Mitarbeitern eine realistische Wahrnehmung und Einschätzung der betrieblichen Situation und Entwicklung zu ermöglichen. Ein positives Betriebsklima entsteht.

Motivationsanreize: Nach besonderen Leistungen werden die Mitarbeiter individuell belohnt. Der Zusammenhalt innerhalb des Betriebes sollte durch gemeinsame Unternehmungen, Ausflüge, Feiern etc. gestärkt werden.

Unternehmensleitfaden: Für jeden Mitarbeiter ist die Firmenphilosophie - und damit auch die Erwartung an die Mitarbeiter - eindeutig im Unternehmensleitfaden festgelegt. An ihm sollen sich alle verbindlich orientieren.

Weiterbildungsangebote: Schulungen zu sachbezogenen Themen und Techniken wirken sich positiv auf die Leistungen Einzelner wie auch des gesamten Kollektivs aus, z. B. im Bereich Projekt-, Konflikt- und Zeitmanagement, zu Verhaltensstilen, Rhetorik, Verhandlungsführung usw.

7. Der Unternehmer als Verkäufer

Früher konnten Handwerksbetriebe ihre Verkaufsstrategie für sich und ihr Unternehmen klar definieren. Der Wettbewerb war in der Regel überschaubar, die Nachfrage war weitaus größer als das Angebot, Handwerksleistungen waren leichter bezahlbar und die Preise deshalb so, dass Unternehmen damit gut leben konnten. Informationen wurden per Post und Fax verschickt, und die Bearbeitungszeit für Angebote und Preisanfragen war dadurch angemessen langsam.

In heutiger Zeit hat sich ein moderner Handwerksbetrieb mit vielen zusätzlichen wettbewerbsrelevanten Faktoren auseinanderzusetzen: Sie bedeuten für das Unternehmen einen erhöhten (Zeit-)Aufwand, dürfen sich in der Preisgestaltung jedoch erst mal nicht niederschlagen. Dabei spielen die zusammenwachsenden Märkte eine große Rolle. Einerseits ist es heutzutage kein Problem mehr, über das Internet eine Preisanfrage zu Handwerksleistungen durch ganz Deutschland oder Europa zu senden. Andererseits lassen sich Handwerksleistungen in Qualität, Preis und Leistung aufgrund der Wettbewerbsverzerrungen durch unterschiedliche Lohnniveaus und Standortumstände, Qualifikations- und Qualitätsunterschiede, unterschiedliche Interpretation der angefragten Leistungen unter Berücksichtigung von möglichem Nachtragsmanagement u. v. m. trotzdem nur schlecht vergleichen.

Die digitale Medien nutzen

Das bedeutet aber auch, dass der Unternehmer nicht mehr umhinkommt, sich der neuen Kommunikationsmedien anzunehmen und damit umzugehen. GAEB-Schnittstellen, Ausschreibungen über Internetabfrage und/oder elektronisches Dokumentenmanagement sind nur Teil der Werkzeuge, die für die Teilnahme am Wettbewerb (um Kunden) nötig sind.

Beschäftigte sich ein Handwerksunternehmer früher vor allem mit den fachlichen Aspekten von Aufträgen, so wendet er mittlerweile die meiste Zeit für Akquisition, Angebotsmanagement und Kundenpflege auf. Umso wichtiger ist es, diese Zeit so effektiv wie möglich einzusetzen.

Wie verkaufen Sie Ihre Handwerksleistungen?

Die meisten Kollegen werden mir darin zustimmen, dass Leistungen, auch Handwerksleistungen, grundsätzlich über das Preis-Leistungs-Verhältnis verkauft werden. Nachdem lange eine „Geiz ist geil!“-Mentalität herrschte, zeigen unsere Kunden zunehmend wieder Qualitätsbewusstsein. Das kommt uns entgegen. Denn traditionell sind wir Handwerker gewöhnt, aus der Position des Fachmanns zu argumentieren. Aber Produkt- und Fachwissen sowie Qualitätsbewusstsein allein reichen heutzutage nicht mehr aus, um Kunden zu überzeugen. Der Unternehmer muss auch zum Verkäufer werden. Er muss sich damit auseinandersetzen, dass es verschiedene Verkäufertypen gibt, genauso wie es unterschiedliche Kundentypen gibt, und er muss die vielfältigen Kaufentscheidungsmotive kennen. Der moderne Unternehmer muss seine Kunden einschätzen und „richtig" ansprechen.

Argumentationstechnik: Kosten-Nutzen-Bilanz

Um den Kunden für ein Projekt zu gewinnen, ist es wichtig, ihm seinen Nutzen vor Augen zu führen. Überzeugen lässt er sich nur dann, wenn der wahrgenommene Nutzen im Verhältnis zu den Kosten deutlich überwiegt. Wenn die Kosten hingegen den Nutzen übersteigen, findet kein Kauf statt. Jede Kostenersparnis wird als Nutzen wahrgenommen.

Kosten	Nutzen
• Nachteile • Risiken • Preis • Neben- und - Folgekosten	• Produktvorteile • Anwendernutzen • Service und Zusatzleistungen • Komplettangebot • Lebensdauer und Garantie

Möchte man als Verkäufer überzeugend die Kundenfrage „Was habe ich davon?" beantworten können, muss man mit dem Nutzen argumentieren und zuvor eine Bedarfsanalyse machen.

Beispiel

Man könnte folgendermaßen argumentieren:

Merkmal/Leistung	Vorteil	Nutzen für den Kunden
zusätzliche Wärmedämmung Gebäudehülle	geringere Wärmeabgabe	Energiekosten sparen
Umstellung auf regenerative Heizenergie	unerschöpfliche Quellen, umweltfreundlich	staatliche Förderung, langfristig günstige Energiekosten, Unabhängigkeit
Kauf eines Neuwagens	umweltfreundliche Abgaswerte	Steuererlass

Häufig tritt beim Verkauf das Problem auf, dass wir dem Kunden mitteilen, welches die bessere Alternative ist, ohne ihm jedoch den entsprechenden Nutzen ausdrücklich zu erklären. Man will schließlich nicht „übererklären". Der Denkfehler dabei ist, dass das, was uns als Fachleuten selbstverständlich ist, dem Kunden noch lange nicht klar ist. Besser sollten wir ihm verschiedene Modelle zeigen und auf die jeweiligen Vor- und Nachteile hinweisen, auch wenn wir das Gefühl haben, dass solche überdeutlichen Erklärungen nicht nötig sind. Wenn der Kunde den für ihn wichtigen Nutzen einer Handwerksleistung erkennt, wird er sich leichter dafür entscheiden.

Die in der obenstehenden Tabelle aufgeführte Unterscheidung zwischen Vorteil und Nutzen ist nicht immer einfach vorzunehmen. Wir kennen unsere Produkte, ihre Vorteile und ihren Nutzen, können diese aber nicht immer dem Kunden adäquat mitteilen. Es ist deshalb sehr hilfreich, eine Liste Ihrer Leistungen bzw. Produkte nach diesem Schema anzulegen und damit Ihre Nutzenargumentation aufzubauen. Sie hilft Ihnen sicherlich in Ihrem nächsten Verkaufsgespräch.

Kaufentscheidungsmotive

Jede Kaufentscheidung wird nach einem der folgenden Kriterien getroffen:

1. Ansehen (Differenzierung, Status, eigene Leistung ...)
2. Gewinn (Preis-Leistungs-Verhältnis, preisgünstig ...)
3. Sicherheit (Funktionssicherheit, Stabilität, Einhaltung von gesetzlichen Bestimmungen, Service ...)
4. Bequemlichkeit (Komfort, einfache Abwicklung, keine Koordination ...)
5. Gesundheit (biologisch abbaubar, nicht gesundheitsschädlich, staubfrei ...)
6. soziales Mitgefühl (Wohlbefinden der Mitarbeiter, Schutz vor Verletzungen ...)
7. Entdeckung (Technikfreak, neueste Ausführung, modernste Technologie ...)

Um einen Kunden zu gewinnen, müssen wir ihn richtig einschätzen und vor allem entsprechend seinen Interessen argumentieren: Welches der hier genannten Kriterien wird ihn am meisten ansprechen? Durch Zuhören, die richtige Fragestellung und Beobachtung seiner Umgebung finden wir im Kundengespräch die jeweils richtige Strategie.

Das Verkaufsverhalten des Handwerksunternehmers im Kundengespräch

- Bleiben Sie immer glaubwürdig!

  Es liegt an Ihrem Geschick, das Verkaufsgespräch so zu steuern, dass Ihnen der Kunde folgt - vorausgesetzt, er möchte Ihnen auch folgen. Bei aller Strategie dürfen Sie jedoch nie vergessen, Sie sind der Repräsentant Ihres Unternehmens! Der Kunde achtet aufmerksam darauf, was Sie ihm versprechen und zusichern. Er schenkt Ihnen sein Vertrauen, indem er Ihnen einen Auftrag gibt, aber er misst Sie genau an Ihren Aussagen und erwartet, dass die von Ihnen versprochenen Zusagen eingehalten werden. Daher empfehle ich Ihnen, immer authentisch zu sein.

  Um Missverständnisse zu vermeiden, fragen Sie nach, ob Ihr Kunde Ihre Ausführungen richtig verstanden hat. Und wenn Sie einmal auf eine Frage keine Antwort parat haben, scheuen Sie nicht zu erwähnen, dass Sie etwas gerade nicht wissen. Liefern Sie Ihrem Kunden die fehlenden Informationen lieber zeitnah, als ihm eine falsche Antwort zu geben.

- Der Verkäufer sollte Experte sein

  Ihre Glaubwürdigkeit als Verkäufer steigern Sie, indem Sie den Kunden von Ihrer Fachkompetenz überzeugen können. Im Bereich des Marketings unterscheidet man eine Reihe von Verkäufertypen, unter denen der „Experte“ einen wichtigen Platz einnimmt. Er ist ein gut ausgebildeter Fachmann, entsprechende Fachliteratur liest, sich mit seinem Bereich und seinen Produkten identifiziert und deswegen als überaus kompetenter Berater geschätzt wird.

  Der Experte sollte aber bei aller Begeisterung den Kunden im Auge behalten. Dieser kann sich von einer zu ausführlichen Fachberatung erschlagen fühlen und ermüden. Zeigen Sie also Ihr Expertenwissen, aber drängen Sie es nicht auf. Mit dem Hinweis „Wenn Sie sich für Hintergrundinformationen interessieren ...“ signalisieren Sie dem Kunden Ihre Bereitschaft, auch komplizierte Fragen zu beantworten, ohne ihn unter Druck zu setzen.

  Wichtig ist, dass sich der Kunde zu keiner Zeit übervorteilt oder in einer schwächeren Position fühlt. Räumen Sie ihm Bedenkzeit ein, wenn er sie braucht. Es ist wichtig, dass beide Seiten gewinnen. Eine Win-win-Situation ist die Grundvoraussetzung für eine gute Zusammenarbeit, und das bedeutet: Alle Beteiligten müssen mit den getroffenen Entscheidungen zufrieden sein - es gibt also auf beiden Seiten nur Gewinner. Bedenken Sie: Auch ein Verkaufsgespräch, das nicht unmittelbar zu einem Auftrag führt, kann erfolgreich sein.

Das Gespräch sollte auf jeden Fall ein verbindliches Ende haben: Dürfen Sie sich melden? Ruft der Kunde Sie wieder an? Sollten Sie noch einige Zusatzinformationen liefern? Wichtig ist, dass der nächste Schritt klar ist!

Die richtige Verkaufsstrategie

Zum erfolgreichen Verkaufen gehören

- ein zu Ihnen passender Verkaufsstil,
- die richtige Fragetechnik,
- das Eingehen auf Kundenbedürfnisse,
- eine angemessene Darstellung, welchen Nutzen der Kunde von einem Produkt hat,
- die Kenntnis von Verkaufsentscheidungsprozessen,
- die richtige Einschätzung der Kaufentscheidungsprozesse Ihres Kunden sowie
- Professionalität, Vertrauenswürdigkeit und Zuverlässigkeit.

8. Krisenmanagement

In wirtschaftlich schwierigen Zeiten besteht eine große Gefahr darin, dass an die Stelle von Realitätsdenken die vage Hoffnung tritt, alles werde schon irgendwie wieder besser werden. Viele Unternehmer flüchten sich in eine Scheinwelt und weisen die Schuld für schlechte Geschäfte der „allgemeinen Wirtschaftslage“ zu. Sie sehen keine Notwendigkeit, die eigenen Strukturen oder Strategien zu überdenken bzw. zu ändern – und das ist oftmals der Anfang eines schleichenden Niedergangs.

Tritt in Folge eine gravierende Krise ein, lässt sich diese nur mittel- bzw. langfristig beheben.

Krisenfaktor Finanzen

Finanzielle Engpässe können einerseits durch betriebliche Probleme entstehen, wie z. B. Forderungsausfälle, Insolvenz eines Auftragsgebers und/oder Fehlkalkulationen, die das Unternehmen in eine Schieflage gebracht haben. Andererseits gibt es nicht selten privat bedingte Finanzprobleme, z. B. durch das Ausscheiden von Familienmitgliedern aus dem Unternehmen, durch zu hohe Privatentnahmen oder die mangelnde betriebswirtschaftliche Kompetenz der Unternehmensführung.

Aus welchen Gründen auch immer Ihr Unternehmen in eine finanzielle Schieflage geraten ist, spielt bei der richtigen Einschätzung der aktuellen Situation eine untergeordnete Rolle. Rückgängig machen können Sie die Sache ohnehin nicht mehr, und Diskussionen führen meist auch nicht weiter. Was Sie jetzt brauchen, sind ein klarer Kopf und eine Strategie, mit der Sie aus dieser Schieflage wieder herauskommen - vor allem aber auch Zeit.

Wer ist Freund, wer Feind?

Zunächst sollten Sie sich unvoreingenommen ein Bild darüber machen, wer Ihr Freund und wer Ihr Feind ist. Feinde können nicht nur Gläubiger, Finanzamt oder Geschäftspartner sein, sondern u. U. auch Familie, Verwandtschaft oder Mitarbeiter. Prüfen Sie daher ganz genau, wer Ihnen in dieser kritischen Situation weiterhelfen kann. Ergreifen Sie die Initiative. Auch hier gilt das Motto „Agieren statt reagieren“. Sie müssen sich selbst helfen, damit Ihnen geholfen werden kann, so hart Ihre Entscheidung auch sein mag. Sie können sich beraten lassen, Meinungen einholen und Ratschläge anhören. Auch deswegen sind Sie Unternehmer und nicht Angestellter.

Sie brauchen Verbündete!

Sie entscheiden allein, aber Sie sind kein Einzelkämpfer. Ohne Unterstützung ist eine Krisenbewältigung oftmals sehr schwierig. Sie brauchen Verbündete, die Ihnen zur Seite stehen. Ich spreche in diesem Zusammenhang nicht von „Freunden“. In Krisenzeiten gibt es meist nur eine Handvoll Freunde, auf die Sie sich wirklich verlassen können. Prüfen Sie ganz genau, wer Ihnen behilflich sein kann - alle übrigen Personen können Sie in dieser Situation vernachlässigen, denn sie rauben Ihnen nur Energie, die Sie jetzt sinnvoller einsetzen können.

Unter Verbündeten verstehe ich geschäftliche Partner und Beziehungen, z. B. auch Ihre Bank. Wenn Sie ein schlüssiges Konzept vorlegen und Ihre Zusagen zuverlässig erfüllen, haben Sie in Ihrer Bank einen Verbündeten gefunden, der Ihnen sicher nicht den Hahn zudrehen wird.

8.1 Zehn eiserne Regeln in Krisenzeiten

Regel Nr. 1: Sich der Situation stellen

Gerate ich in eine Schieflage, sollte ich mir meine Fehler eingestehen und nicht nach Ausflüchten suchen. Gefährlich ist es, den Kopf einzuziehen und zu hoffen, dass die Situation vorbeigeht. Ein Problem muss erkannt und angepackt werden, sonst holt es mich später ein. Wenn ich das Problem ignoriere, wird es schnell größer, und es kann mich sogar meine Existenz kosten.

Regel Nr. 2: Ein schlüssiges Konzept

Anstatt in Lethargie zu verfallen, muss ich konsequent nach Wegen aus der Krise suchen. Mit einem sorgfältig ausgearbeiteten Plan, den ich mit der Bank und allen wichtigen Geschäftspartnern abkläre, schaffe ich Klarheit und orientiere mich neu.

Regel Nr. 3: Ehrlichkeit

Eine Schieflage ist keine Schande. Ich sollte dazu stehen und die Problematik ehrlich eingestehen. An der Reaktion anderer erkenne ich, wer zu mir steht und von wem ich Unterstützung erwarten kann. Gehe ich offen mit meinem Problem um, steigere ich meine Glaubwürdigkeit und mein Ansehen, was mir wiederum die Überwindung der Krise erleichtert.

Regel Nr. 4: Verteilung der Verantwortlichkeiten

In einer Problemsituation kann einer alleine die Lösung nicht bewältigen. Ich muss darauf vertrauen, dass andere mich unterstützen. Dafür muss ich meinen Mitarbeitern die Schwierigkeit offen darlegen und ihnen deutlich machen, dass ihre Hilfe wichtig ist. Fordern Sie die entsprechende Verbindlichkeit, das notwendige Vertrauen und die Unterstützung bei Ihren Mitarbeitern ein. Es geht auch um die Sicherung ihrer Arbeitsplätze!

Regel Nr. 5: Besonnenheit im Privatbereich

Je dramatischer die Schieflage, desto wichtiger ist es, einen klaren Kopf zu behalten. Ich muss überlegen, wie eine Katastrophe vermieden werden kann. Eine Lösung finde ich nicht, wenn ich extrem gestresst und körperlich und nervlich am Ende bin. Ich muss auf meine Gesundheit achten und sensibel mit meiner Familie umgehen, die ja auch unter der Situation leidet. Zeige ich Verständnis und Loyalität, bekomme ich Unterstützung zurück.

Regel Nr. 6: Sich mit Geschäftspartnern arrangieren

Ich muss Regelungen finden, Risiken minimieren und mich mit dem Umfeld arrangieren, mit dem ich Probleme habe, z. B. mit Gläubigern. Geschäftspartner, mit denen ich partnerschaftlich zusammenarbeite, sind eher bereit, einmal schneller zu bezahlen, wenn sie von meinen Problemen wissen. Lieber kontinuierlich und in kleinen Raten zahlen als gar nicht.

Regel Nr. 7: Einsatz

Als Unternehmer muss ich - in Gedanken, Worten und Taten - alles geben, um eine Schieflage zu begradigen. Fleiß und Genügsamkeit sind besonders geforderte Eigenschaften, mit denen ich meine Umwelt überzeuge und die mich voranbringen.

Regel Nr. 8: Kontrolle und Information

Nur durch akribische, regelmäßige Kontrolle kann ich als Unternehmer überprüfen, ob die eingeleiteten Maßnahmen auch greifen. Alle Beteiligten, die helfen, muss ich permanent über den aktuellen Stand der Situation informieren. Es ist nur fair, dass sie die Chance haben, auszusteigen. Ohne Informationen ziehen sich Geschäftspartner in der Regel schneller zurück.

Regel Nr. 9: Verpflichtungen einhalten

Wenn sich die Lage entspannt, wird man mit dem Einlösen von Zusagen manchmal nachlässig. Habe ich mir z. B. in einer Notzeit 1.000,- € geliehen, um sie anschließend in monatlichen Raten von 100,- € zurückzuzahlen, dann muss ich diese Verpflichtung bis zum Schluss erfüllen - auch wenn es mir wieder so gut geht, dass mir 200,- oder 300,- € wie Lappalien erscheinen, auf die es scheinbar nicht (mehr) ankommt.

Regel Nr. 10: Dank an die Helfer

Wenn eine schwierige Situation überwunden ist, muss ich sie mit einem Dankeschön an all diejenigen abschließen, die mich unterstützt haben. Auch sollte ich meinerseits ausdrücklich Unterstützung zusagen, falls einer meiner Helfer einmal in Schieflage gerät. Ein Sprichwort besagt, man trifft sich meistens zweimal im Leben!

Auf einen Blick: Krisenmanagement

In einer wirtschaftlichen Schieflage muss man sich an einige Regeln halten, v. a.:

- Ehrlichkeit gegenüber sich selbst und anderen,
- ungeschönte Analyse des Schadens und seiner Ursachen,
- Freund und Feind erkennen und sofort auf die Krise reagieren,
- Verbündete suchen, ein Lösungskonzept entwickeln und gemeinsam an seiner Umsetzung arbeiten.

8.2 Generationswechsel

Sehr häufig werden Familienunternehmen von einem oder mehreren Kindern des Unternehmers übernommen. Auch in meinem Fall hatte sich nicht wirklich die Frage gestellt, ob ich etwas anderes hätte machen wollen. Das Vorbild, das ich für meine Berufswahl vor Augen hatte, war mein selbstständiger Vater (dabei setzte ich als junger Mensch diese Selbstständigkeit irrtümlicherweise mit der Freiheit gleich, alles nach Belieben tun oder lassen zu können).

Für Kinder von selbstständigen Unternehmern gibt es meiner Meinung nach grundsätzlich nur zwei Wege: Entweder sind sie davon überzeugt, dass das, was der Vater (oder die Mutter) macht, gut und Erfolg versprechend ist, und sie schlagen denselben Weg ein. Oder sie sind gegen diese Tätigkeit und lehnen sie für sich selbst entschieden ab.

Generationskonflikte und Unternehmensnachfolge

Latente Generationskonflikte sind nicht ungewöhnlich, aber sie können problematische Formen annehmen. Aus eigener Erfahrung weiß ich, dass viele Probleme von der nachfolgenden Generation eher wahrgenommen werden, während die Älteren das Konfliktpotenzial gar nicht sehen. Da sie die Macht und Autorität besitzen, ist aus ihrer Sicht zunächst einmal alles in Ordnung. Sie bestimmen, wo es langgeht, und die Söhne und Töchter haben sich dem zu fügen. Doch deren Zeit wird irgendwann kommen. Sobald der Vater/die Mutter aus dem Unternehmen austritt, kann der Nachfolger machen, was er will ... aber leider ist der Nachfolger auf diese Situation nicht wirklich vorbereitet worden.

Wenn man sich nicht rechtzeitig sachlich und objektiv mit dem Generationswechsel, d. h. der Unternehmensnachfolge, auseinandersetzt, kann daraus ein Generationenkonflikt entstehen, der im Extremfall eskaliert. Aus anfänglichen Frustzuständen können Familiendramen werden. Deren Merkmale sind häufig die egoistische Durchsetzung von rechthaberischen Positionen, die leider oft zu finanziellen Schäden im Unternehmen führt. Die Vermengung der Vater-Kind-Beziehung einerseits und der mit der Firmenspitze einhergehenden Machtposition kann sowohl das Unternehmen gefährden als auch Familien zerbrechen. Nicht selten sehen sich in solchen Krisen Väter und Kinder sogar als Gegner.

Wie kann man die Gefahren abwenden, die der Generationenkonflikt für ein Familienunternehmen darstellt? Planen Sie die Unternehmensnachfolge so frühzeitig wie möglich, und ziehen Sie, wenn notwendig, externe Berater hinzu. Nachfolgende Checkliste gibt einen kurzen Überblick über eine gut geplante Unternehmensnachfolge.

Checkliste zur Unternehmensnachfolge

1. Erstellung einer Lebensplanung - Feststellung des Renteneintrittsalters
2. Ist-Bewertung des bestehenden Unternehmens (Anlage-/Umlaufvermögen)
3. Risikoabsicherung: Berufsunfähigkeit - Notfallplan - Testament
4. Regelmäßige Überprüfung des Versorgungsstatus/Rente (alle 5 bis 7 Jahre)
5. Entwicklung von Vermögenswerten innerhalb des Unternehmens (Wertsteigerung)
6. Frühzeitige Sondierung: Verkauf extern oder Übergabe intern (Familie)
7. Statusanalyse: Unternehmenswertermittlung
8. Frühzeitige Integration des Nachfolgers/Begleitung und Einarbeitung
9. Übergabe von Verantwortlichkeiten/begleitende Beratung und Hilfestellung
10. Unternehmensübergabe: Bestellung der neuen Geschäftsführung

Drei wichtige Regeln für das „Miteinander von Jung und Alt“

Regel Nr. 1: Gegenseitiger Respekt

Gegenseitiger Respekt ist die Grundlage einer erfolgreichen Zusammenarbeit. Bei jeder Entscheidungsfindung gilt die Regel, dass man sich an sachlichen Argumenten, Zahlen, Daten und Fakten orientiert. Dabei dürfen auch Erfahrung und Bauchgefühl die Entscheidung beeinflussen. Wichtig ist, dass beide Seiten eine Entscheidung **gemeinsam** tragen.

Wenn man später das Ergebnis einer bestimmten Entscheidung analysiert, kann man - natürlich auf gleicher Augenhöhe - darüber diskutieren, was besser hätte laufen können bzw. wer recht hatte. In der Regel spricht aber das Ergebnis für sich selbst.

Regel Nr. 2: Zuständigkeiten respektieren

In den Bereichen, in denen jeder alleine entscheidet, sollte sich die andere Seite auf Empfehlungen und Hilfsangebote beschränken. Besserwisserische Ratschläge führen hingegen dazu, dass sich der Zuständige für das Ergebnis nicht mehr verantwortlich fühlt, weil er nur ausgeführt hat, was ihm empfohlen worden ist.

Regel Nr. 3: Im Mittelpunkt steht das Wohl des Betriebs

Im Mittelpunkt der Zusammenarbeit zwischen Jung und Alt sollte immer das Wohl der Firma und der Gemeinschaft stehen. Auch wenn man unterschiedlicher Meinung ist, sollten einmal getroffene Entscheidungen von allen getragen werden. Eine funktionierendes Miteinander der Generationen spiegelt sich betriebsintern in einer harmonischen Zusammenarbeit aller Mitarbeiter und extern in der Durchsetzungskraft des Unternehmens wieder.

Familienunternehmen, die sich an diese Regeln halten, können damit nachhaltig ihre Existenz sichern und die nachfolgende Generation allmählich erfolgreich auf die Unternehmensleitung vorbereiten.

9. Umstrukturierungen

„Never change a running system." Diesen Satz haben viele von Ihnen mit Sicherheit schon einmal gehört. Gemeint ist damit, dass man Systeme und Strukturen, die funktionieren, nicht ohne Grund verändern soll. Denn jede Veränderung bringt auch gleichzeitig Probleme mit sich.

Gerade das Handwerk ist durch Tradition und Beständigkeit gekennzeichnet. Doch auch hier gilt: Irgendwann ist es Zeit für Veränderung. Man darf sich der Entwicklung neuer Märkte und Produkte nicht verschließen, muss sich auf neue Anforderungen des Gesetzgebers, der Verwaltungen oder des Marktes einstellen. Wer hätte vor 20 Jahren noch gedacht, dass Ausschreibungen der öffentlichen Hand heute nur noch elektronisch stattfinden? Wer hätte gedacht, dass durch das Internet die Vergleichbarkeit und Erreichbarkeit nahezu globale Dimensionen annimmt? Wir müssen diese Veränderungsprozesse annehmen und im eigenen Unternehmen umsetzen.

Erforderliche Veränderungsprozesse (lange Zeit) vor sich herzuschieben ist meist nur die zweitbeste Lösung. Schneller, als man denkt, wird das eigene Unternehmen vom Wettbewerb überholt. Schnelles Handeln ist also gefragt, denn einen richtigen – den perfekten – Zeitpunkt für Veränderungen gibt es eigentlich nie.

Umstrukturierungen als Reaktion

Nicht immer hat man als Unternehmer das Heft selbst in der Hand. Manchmal werden Veränderungen quasi von außen aufgedrängt. Das können beispielsweise rückläufige Umsätze durch Marktveränderungen oder gesetzliche Veränderungen sein, das kann aber auch das Ausscheiden einer Führungskraft oder eines wichtigen Mitarbeiters sein. Doch nicht immer müssen es negative Begleiterscheinungen sein, damit man als Unternehmer reagieren muss: Es können auch positive Reaktionen nötig sein: Neue Aufträge machen zusätzliches Personal nötig, neue Maschinen müssen angeschafft werden etc.

Es gilt: Umstrukturierungen in einer Expansionsphase sind immer leichter durchzuführen als in einem schrumpfenden Unternehmen. Dies hat sicherlich emotionale Gründe, aber auch ganz handfeste finanzielle: Die monatlichen Kosten z. B. können bei Entlassungen nicht proportional zum sinkenden Umsatz fallen, falls laufende Verträge bzw. Kündigungsfristen eingehalten werden müssen.

Umstrukturierungen als Aktion

Nicht immer muss ein Unternehmer auf Entwicklungen von außen reagieren. Im Sinne einer strategischen Unternehmensführung geht es auch darum, das Unternehmen stets weiterzuentwickeln und neue Impulse zu setzen. Dies kann beispielsweise die Einführung einer neuen EDV, eines Zeiterfassungssystems oder der Kauf von neuen Maschinen sein. Dabei ist wichtig, alle direkt oder indirekt von diesem Prozess Betroffenen möglichst frühzeitig einzubeziehen (Stichwort „Betroffene zu Beteiligten machen“). Bevor der Umstrukturierungsprozess eingeleitet wird, sollten alle relevanten Daten und Fakten feststehen und mögliche Folgeszenarien durchgespielt werden. Bei der Wirtschaftlichkeitsprüfung sollte man vom schlechtesten Fall („Worst-Case-Szenario“) ausgehen. Stellt sich heraus, dass die Umstrukturierung auch dann noch sinnvoll und betriebswirtschaftlich vertretbar ist, beginnt die detaillierte Planung der Umstrukturierungsmaßnahme: Gemeinsam mit allen Beteiligten werden Maßnahmen und Verantwortlichkeiten beschlossen und dabei der zeitliche und finanzielle Aufwand berücksichtigt.

Sonderstellung Expansion

In expansiven Phasen gelangt jedes Unternehmen auch an den Punkt, die Zahl der nicht produktiven Mitarbeiter zu erhöhen. Dazu gehören beispielsweise Führungskräfte zur Entlastung der Geschäftsführung, aber auch Mitarbeiter in der Buchhaltung, im Personalwesen oder im Marketing. Sie arbeiten nicht direkt am Produkt oder auf der Baustelle, sondern sollen den

Unternehmer entlasten und organisatorische und/oder führungstechnische Aufgaben übernehmen.

Doch viele scheuen vor diesem Schritt zurück. Zum einen ist es die Angst, mit einer weiteren Person die Unternehmensführung teilen zu müssen. Zum anderen – und das wird meist als Hauptgrund angegeben – entstehen hohe Investitionskosten: Es gilt einen Arbeitsplatz für den neuen Mitarbeiter einzurichten und ein zusätzliches Gehalt zu zahlen. Diese Kosten belaufen sich zunächst auf eine Jahresinvestition in Höhe von ca. 70.000,– bis 80.000,– €. Hinzu kommt, dass der neue Mitarbeiter mindestens sechs Monate benötigt, um sich einzuarbeiten – weitere sechs Monate, bis er allmählich selbstständig Aufträge oder Umsätze generiert, die seine Kosten amortisieren. Außerdem bindet er zu Beginn gegebenenfalls einen weiteren Mitarbeiter oder den Unternehmer selbst, der ihn einarbeitet. In der Regel sieht man erst an den Ergebnissen im dritten Jahr, ob sich die Investition in das zusätzliche Personal gelohnt hat. Für viele Kleinbetriebe übersteigen diese Investitionskosten einen Jahresgewinn, und es bedeutet einen schweren Schritt, sich dafür zu entscheiden.

Stillstand bedeutet Rückschritt!

Trotz aller Probleme: Eine der wichtigsten Aufgaben der Unternehmensführung besteht darin, sich mit der Zukunft auseinanderzusetzen und Verantwortung für die nachhaltige Existenzsicherung zu tragen. Seien Sie deshalb Ihrer Zeit immer ein Stück voraus. Seien Sie offen für Neues und hören Sie sprichwörtlich in den Markt hinein. Sie werden sehen: Im Bereich Handwerk und Dienstleistung können noch viele Nischen erschlossen werden. Stillstand bedeutet Rückschritt!

Checkliste für Veränderungsprozesse

- Nehmen Sie die Mitarbeiter bei der Einführung von Innovationen von Anfang an mit. Sie verstehen dann die Notwendigkeiten besser, und alle ziehen an einem Strang.
- Lassen Sie sich nicht von Ihrem eingeschlagenen Weg abbringen, gehen Sie ihn konsequent weiter.
- Zögern Sie Veränderungen nicht hinaus, weil Sie sich vor den Konsequenzen scheuen. Die Folgen des Nicht-Handelns sind oft schwerwiegender.
- Nutzen Sie Expansions- und Erfolgsphasen für Veränderungen. Sie werden leichter akzeptiert.

10. Gute Beziehungen

Einem Unternehmen kann es manchmal ergehen wie einem Fisch: Er ist ganz allein im weiten Meer und findet keinen Kontakt. Gleichzeitig ist er Angriffen von Gegnern ausgesetzt, gegen die er sich alleine kaum wehren kann. Fische schließen sich deshalb zu großen Schwärmen zusammen, um gemeinsam stark zu sein.

Auch als Unternehmer sollten Sie sich einen „Schwarm suchen" – ein Umfeld, das Sie in Ihrer Tätigkeit unterstützt. Suchen Sie sich Verbündete, die gemeinsam mit Ihnen in die gleiche Richtung schwimmen. Oder, um es anders auszudrücken: Verbündete, die am gleichen Strang ziehen.

Mitarbeiter zu Verbündeten machen

Was helfen Ihnen Mitarbeiter, die nicht die optimale Leistung bringen, die schlimmstenfalls sogar gegen Sie arbeiten? Nichts. Gerade auf der Beziehungsebene zu Mitarbeitern sind Konsequenz und Verbindlichkeit, aber auch Motivation und Vertrauen enorm wichtig. Wer zu „kumpelhaft" mit seinen Mitarbeitern umgeht, darf sich nicht wundern, wenn ihm diese dann auf der Nase herumtanzen. Eine gewisse Distanz ist gewiss nicht verkehrt, eine wohltuende Nähe schadet aber auch nicht. Wie diese im Einzelfall aussieht, hängt maßgeblich von der Persönlichkeit des Unternehmers ab. Aber immer gilt: Beziehen Sie die Mitarbeiter, deren Know-how und Kreativität in die eigenen Entscheidungsprozesse mit ein. Sie können davon nur profitieren, wenn Ihre Mitarbeiter unternehmerisches Denken an den Tag legen.

Die Frage, ob man seine Mitarbeiter duzt oder siezt, wird oft und lang diskutiert. Gerade in Handwerksbetrieben ist ein kumpelhafter und freundschaftlicher Umgangston oftmals Tradition und gelebte Unternehmenskultur. Aber Vorsicht: Das schafft Nähe und reduziert die kritische Distanz, die manchmal im Respektsverhältnis zwischen einem Chef und seinen Mitarbeitern nötig ist.

Kunden als Multiplikatoren

Wie bekommt ein Unternehmen die meisten Kunden? Ganz klar: durch zufriedene Kunden, die über Mund-zu-Mund-Propaganda Empfehlungen weitergeben. Das sollten Sie nutzen. Bauen Sie zu Ihren Kunden eine Vertrauensbasis und einen persönlichen Kontakt auf. Sprechen Sie auch über private Dinge und verlassen Sie ganz bewusst im Kundengespräch auch einmal die Geschäftsebene. Dieses Vertrauen macht aus Ihren Kunden nicht nur Stammkunden, sondern auch begeisterte Fans, die Ihnen durch Weiterempfehlungen viele neue Kunden bringen werden.

Denken Sie an die überaus wichtige Bedeutung zufriedener Kunden vor allem dann, wenn es einmal Probleme gibt. Je nachdem, wie Sie mit Reklamationen oder Kritik umgehen, fällt die Empfehlung Ihrer Kunden aus. Eines ist klar: Von positiven Erlebnissen wird der Kunde wenigen Freunden berichten, negative Erfahrungen werden um ein Vielfaches häufiger weitergegeben.

Partner als Unterstützer

Zu Partnern gehören im weiteren Sinn Unternehmen, mit denen Sie (so gut wie) täglich zusammenarbeiten. Dazu gehören Steuerberater und Banken genauso wie Planungs- und Ingenieurbüros, Architekten, Gewerbe- und Industriekunden oder Lieferanten. Solche Partnerschaften sollten von Zuverlässigkeit, Ehrlichkeit, Fairness und Loyalität geprägt sein. Es ist immer wichtig, dass in Geschäftsbeziehungen beide Parteien gewinnen. Nur in einer Win-win-Situation sind beide Parteien zufrieden und motiviert, gemeinsam mit dem Partner erfolgreich zu sein. Fehlt einem von beiden dieser Erfolg, dann wird die Partnerschaft nicht von Dauer sein. Gute Partner können aber auch wichtige Multiplikatoren sein, wenn es um das Image Ihres Unternehmens geht.

Mitbewerber statt Konkurrenten

Das Wort „Mitbewerber" ist eine respektvollere Bezeichnung als der eher negativ geprägte Begriff „Konkurrent". Ich verwende „Mitbewerber" ganz bewusst, denn wir sind nicht im Kampf. Viele Mitbewerber können genauso viel - und das genauso gut. Der Kunde entscheidet letztendlich individuell nach Kriterien wie Geld, Qualität, Vertrauen, Sympathie usw. Lassen wir ihm also freie Wahl.

Ein gutes Verhältnis zu Ihren Mitbewerbern kann Ihnen im Ernstfall helfen, und Sie sollten es auch ganz bewusst pflegen. Ein kurzes Gespräch, ein paar nette Worte - man muss ja nicht immer über die aktuellen Geschäftszahlen oder die eigene Strategie sprechen. Ein paar Informationen, beispielsweise über Erfahrungen mit bestimmten Mitarbeitern, neue Techniken oder Lieferanten, ein Austausch über die Zahlungsmoral bestimmter Kunden oder Erfahrungen mit Banken, kann für Sie von großer Bedeutung sein. Und Kollegen, zu denen man ein gutes Verhältnis hat, werden einem auch dann weiterhelfen, wenn Not am Mann ist: Eine Maschine ist defekt, und der Auftrag muss noch abgewickelt werden? Da kann man sich vielleicht untereinander aushelfen. Aber auch, wenn man einen Auftrag gar nicht abwickeln kann, weil man die Leistungskapazität überschritten hat. Auch dann sind gute Kollegen bestimmt zur Stelle. Denken Sie hier wieder an den eingangs erwähnten Fisch im Meer ...

Netzwerke helfen Ihnen weiter

Handwerker haben ja grundsätzlich schon ein kleines Netzwerk, z. B. über ihre Mitgliedschaft bei der jeweiligen Handwerkskammer und der Innung. Hier ergeben sich vielfältige Möglichkeiten zur Weiterbildung oder zur Zusammenarbeit mit anderen Handwerkern.

Wichtig kann auch die Arbeit in einem Branchenverband sein. Ich selbst bin beispielsweise seit vielen Jahren in verschiedenen Berufsorganisationen engagiert und schätze den Austausch mit Lieferanten und anderen Unternehmer, aber auch den Dialog und direkten Kontakt zu politischen Entscheidungsträgern. Sicherlich kosten solche „Ehrenämter" auch Zeit. Dafür bringen sie aber auch wertvolle und wichtige Kontakte. Gerade in diesen Kreisen kann man ungezwungen und offen diskutieren und Erfahrungen austauschen. Tipps und Tricks werden hier leichter verraten, und oft hilft man sich im Interesse überregionaler Kundenverpflichtungen. Darüber hinaus sind diese Plattformen Nährboden für Innovation und neue Ideen im Hinblick auf das Handwerk im Allgemeinen und das eigene Unternehmen im Besonderen.

Doch auch außerhalb der Arbeitswelt sollte man nach Kontakten und einem möglichst dichten Netzwerk suchen, denn als Unternehmer führt man in gewisser Weise ein einsames Leben. Sorgen und Nöte kann man nicht mit seinem direkten Umfeld teilen. Wenn überhaupt, kann man sich nur mit wenigen persönlich und beruflich offen austauschen. Daher ist es wichtig, sich bewusst um neue Bekanntschaften und Beziehungen zu bemühen. Seien Sie offen für neue Bekanntschaften und Personenkreise. Nur im Dialog mit interessanten Menschen können Erfahrungen ausgetauscht und neue Blickwinkel geschaffen werden. Durch diese Offenheit steigen die Chancen und Möglichkeiten, sich persönlich und auch das Unternehmen weiterzuentwickeln. Solche Kontakte findet man beispielsweise auch in gesellschaftlichen Gruppen, wie Lions oder Rotary, in denen sich Unternehmer zusammenschließen und gegenseitig unterstützen.

Checkliste für gute Beziehungen

- Machen Sie Mitarbeiter zu Verbündeten.
- Bringen Sie Kunden auf eine persönliche Beziehungsebene. Zufriedene und begeisterte Kunden sind die besten Multiplikatoren.
- Mit partnerschaftlichen Kooperationen können wir nur gewinnen, sofern beide Partner voneinander profitieren. Dafür müssen Regeln der Fairness eingehalten werden.
- Kollegialer Erfahrungsaustausch ist ein guter Nährboden für Weiterentwicklung.
- Die Bereitschaft, sich auf neue Personenkreise einzulassen, fördert die eigene Weiterentwicklung.

Der Autor

Thomas Graber ist Unternehmer mit Leib und Seele. Seit seinem 18. Geburtstag ist er Inhaber und Geschäftsführer der Firma, die sein Vater als Handwerksunternehmen für technische Isolierung und Brandschutz ursprünglich aufgebaut hat. Nach der Übernahme erlebte er mit der Graber GmbH alle Höhen und Tiefen des Geschäftslebens. Im Laufe der Jahre hat der heute 46-Jährige seine Firma zu einem mittelständisches Handwerks- und Dienstleistungsunternehmen geführt, das heute sowohl regional als auch im In- und Ausland in den Bereichen Technische Isolierung, Trockenbau und Innenausbau als wichtiger Partner wahrgenommen wird.

Sein umfangreiches Fachwissen bringt Thomas Graber sowohl als Vorstandsmitglied seiner Berufsstandsvertretung ein als auch in den Normen- und Fachausschüssen, um einen Beitrag zur Weiterentwicklung von Stand und Regeln der Technik zu leisten.

Der erfahrene Handwerksmeister geht seit mehr als zehn Jahren mehreren Lehramtstätigkeiten nach, um im Bereich der Aus- und Weiterbildung sein Know-how weiterzugeben.

Ein Handwerker, Unternehmer und Praktiker als Redner.

Thomas Graber ist ein kreativer Handwerker und erfolgreicher Unternehmer. Seine vielfältigen Erfahrungen in der Praxis gibt er als Redner und Experte für kleine und mittelständische Unternehmen weiter. Komplexe Themen verpackt er dabei geradezu spielerisch in einfache Worte und prägnante Bilder.

Dabei weiß Thomas Graber wovon er spricht, denn sein Unternehmen wurde 2013 als einer der Top 100-Arbeitgeber in Deutschland ausgezeichnet. Fachlich fundiert und mit hohem Praxisbezug geht er erfrischend und fesselnd auf das ein, was Unternehmer in Handwerk und Dienstleistung heute interessiert. „Manchmal sind es die einfachen Dinge und Kleinigkeiten, die uns erfolgreich machen", ist Thomas Graber überzeugt. Seine Zuhörer sind begeistert. Er bringt die Themen geradlinig auf den Punkt. Seine Tipps und Tools, theoretisch wie praktisch, sind simpel und funktionieren perfekt.

Me-Time: Zeitmanagement gegen Stress und Burn-out

Aus seinem persönlichen Umfeld weiß Thomas Graber um die Problematik von Stress und Burn-out. Seine Idee: Me-Time. Gerade Unternehmer sind täglich in vielfältiger Weise gefordert und getrieben von den Anforderungen, die an sie gestellt werden. „Jeder braucht Zeit für sich“, sagt der Handwerker und Unternehmer, dessen Firma 2013 als einer von 100 Top-Arbeitsgebern ausgezeichnet wurde.

Doch dabei geht es nicht nur um Freizeit: Me-Time ist Philosophie und Strategie zugleich. Sie greift in den Alltag ein, stoppt Zeitdiebe und verhilft zu einem effizienten Tagesablauf und harmonischen Arbeitsklima. „Me-Time verändert das Bewusstsein und zeigt mir, wem ich meine Zeit schenke und was wirklich für mich selbst wichtig ist“, so Thomas Graber. Sie trägt nachhaltig dazu bei, Dinge zu tun, die den Akku wieder aufladen. Klare Regeln, Konsequenz und Ausgeglichenheit sind dabei maßgebliche Erfolgsfaktoren, die zu mehr Selbstbestimmung im Alltag, weniger Stress sorgen und Krankheiten sowie Burn-out vorbeugen.

Ein Buch von Thomas Graber zu Me-Time erscheint 2016.

Graber Management Training

Am Müllnerberg 2

83129 Höslwang

Tel.: +49 80 51-6 21 00

Fax: +49 80 51-6 21 12

E-Mail: buero@graber-management-training.de

www.graber-management-training.de

THOMAS GRABER
Redner · Experte KMU

Stichwortverzeichnis

A

B

C

G

H

I

R

S